Henning Böhme

Genußradeln im Tessin und am Comer See

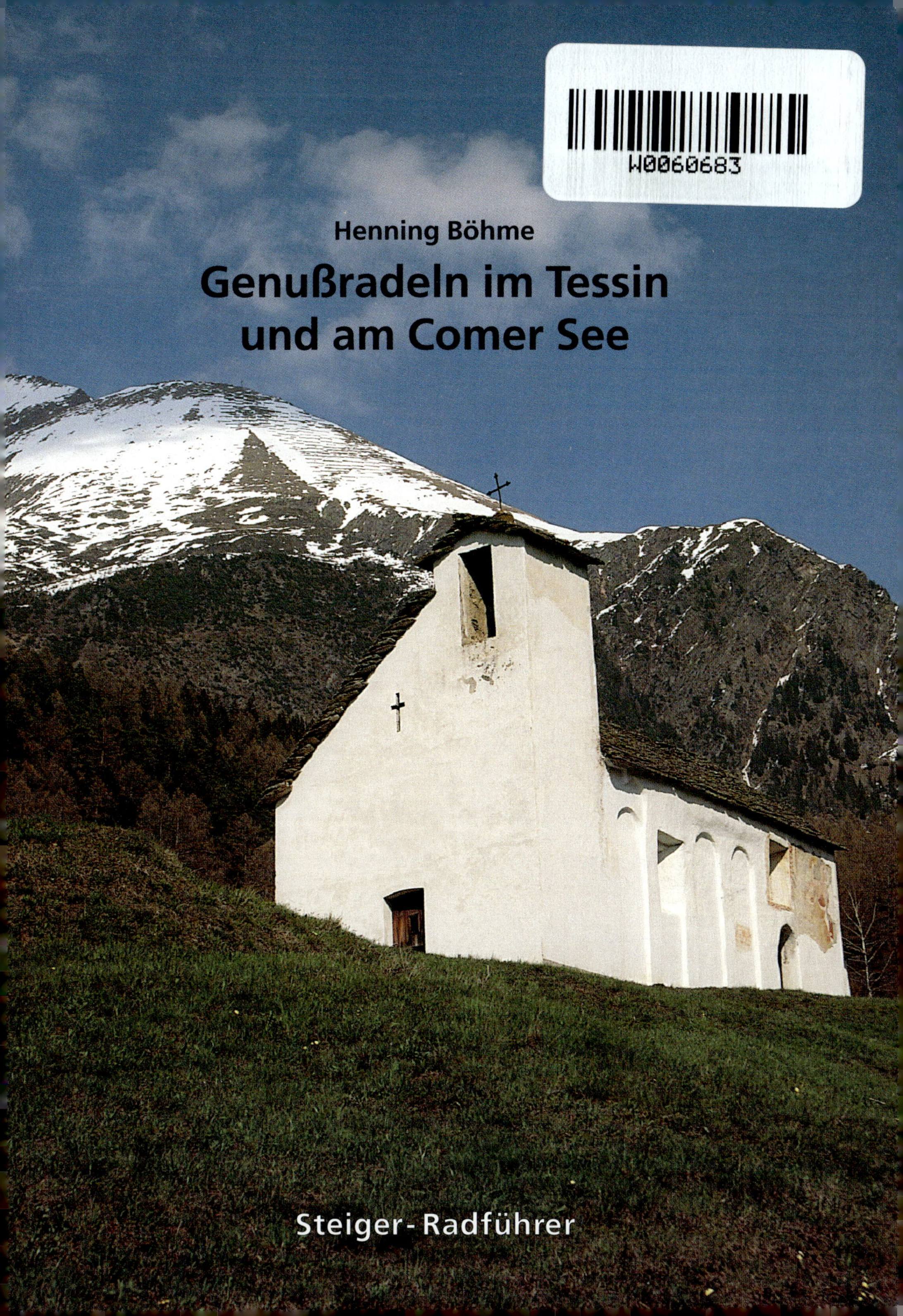

Steiger-Radführer

Henning Böhme

Genußradeln im Tessin

und am Comer See

58 Farbabbildungen,
32 Tourenkarten
und eine Übersichtskarte

STEIGER
VERLAG

st

Der Autor:

Henning Böhme lebt seit mehr als 35 Jahren am Bodensee. Von hier aus hat er das Schweizer Nachbarland immer wieder erkundet und eine besondere Vorliebe für das Tessin entwickelt. Die Tourenauswahl für diesen Band wurde aktuell recherchiert und fotografiert.

**Die Deutsche Bibliothek –
CIP-Einheitsaufnahme**

Böhme, Henning:
Genussradeln im Tessin und am Comer See / Henning Böhme. –
Augsburg : Steiger, 1996
(Steiger-Radführer)
ISBN 3-89652-014-8

Steiger Verlag
© 1996 Weltbild Verlag GmbH, Augsburg
Alle Rechte vorbehalten
Kartenskizzen: Ingenieurbüro für Kartographie Heidi Schmalfuß, München
Umschlaggestaltung: Steinkämper Grafikdesign, Igling
Layoutentwurf: VerlagsService Dr. Helmut Neuberger & Karl Schaumann, Heimstetten
Satz und Layout: Verlagsservice G. Pfeifer, Germering
Reproduktion: litoservice, Bozen
Druck und Bindung: Interdruck, Leipzig
Einbandvorderseite: Ascona, Blick auf Lago Maggiore (IFA-Bilderteam / Foto: TPC); Einbandrückseite: Typische Ansicht im Tessin; S.1: San Martino di Deggio aus dem 10. und 11. Jh. ist eine der ältesten Bergkirchen des Tessin; S.2/3: Carabbia unterhalb des San Salvatore entfaltet den ganzen Charme der Luganer Alpen
Printed in Germany
ISBN 3-89652-014-8

Inhalt

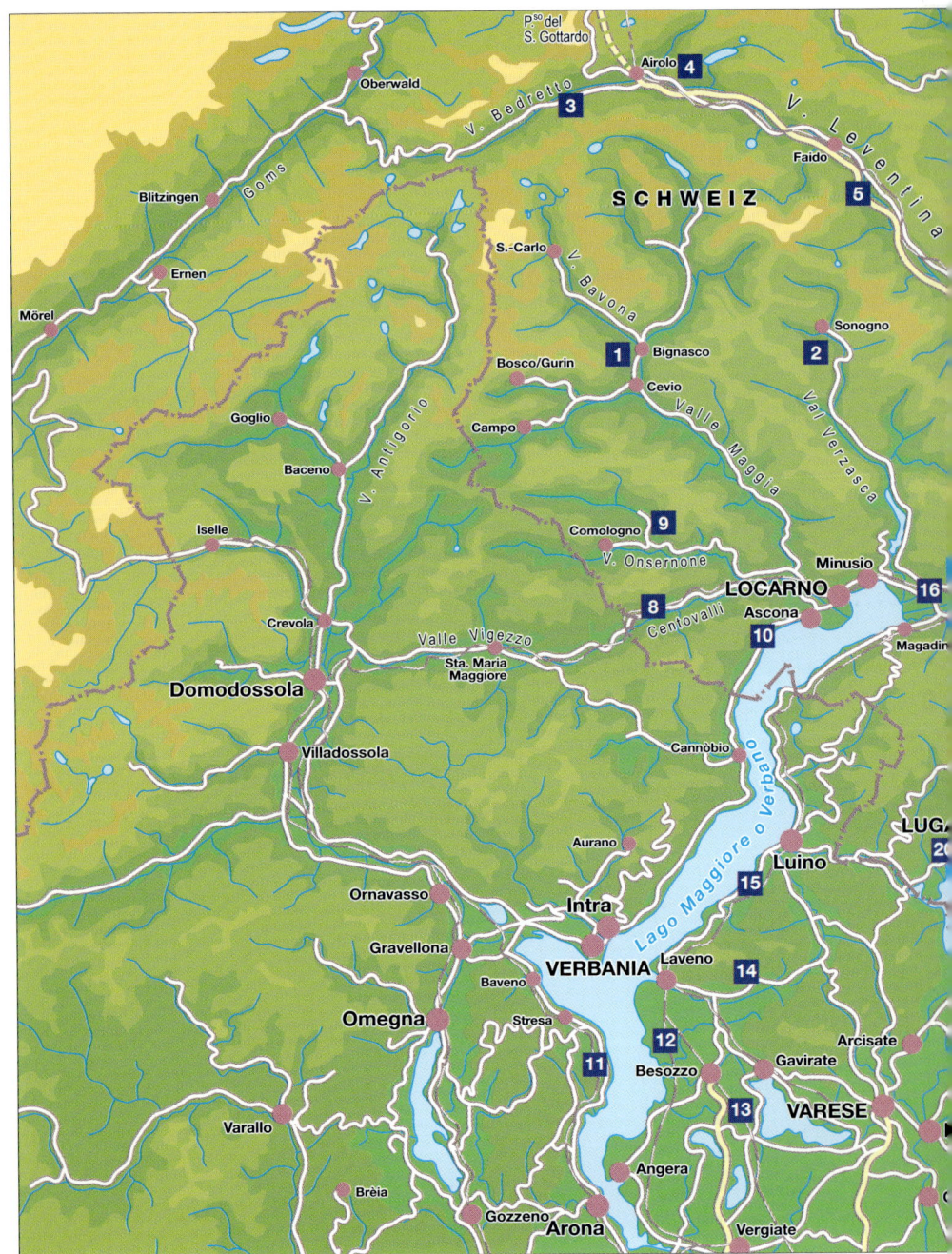

Einführung

Das Tessin als Radwanderlandschaft

Was wünschen sich Radfahrer und Radfahrerin, wenn sie »genußradeln« wollen? Daß es so gut wie nie bergauf geht, dafür viel auf ebener Strecke und auch mal längere Zeit bergab, damit sich die Beine ausruhen können, aber das Auge trotzdem viel zu sehen bekommt. Und daß dieses Auge unterwegs auf gediegene Zeugnisse einer alten Geschichte und eingesessenen Kultur, auf Kirchen, alte Dorfkerne, Rathäuser, Paläste und Parks trifft.

Kaum eine andere Landschaft in Europa wird diesem Anspruch so gerecht wie das Tessin. Die Landschaftsstruktur ermöglicht Radfahren vor allem in den Tälern und an den Ufern der großen Seen. Es gibt einige

In Campo am Comer See wird man zu einer Bootsfahrt zur Villa del Balbaniello eingeladen.

breite Schwemmlandebenen wie das Piano di Magadino, den Ausgang des Valtellina und das Piano di Chiavenna, in denen es weder bergauf noch bergab geht. In den Tessiner Alpen werden acht Talfahrten angeboten. Da will man natürlich abwärtsrollen und nicht hinauftreten. Also erhebt sich die Frage: Wie komme ich an den Ausgangspunkt der Tour, an das durch Straßen erschlossene Talende, das unter Umständen 1700 m hoch liegen kann (Tour 3)? In zweien dieser acht Täler fährt die SBB, die Schweizer Bundesbahn. Mit ihr läßt sich das Velo bequem transportieren; man kann auch auf der Höhe eines entleihen und es unten im Tal wieder abgeben. Im Centovalli (Tour 8) organisiert die Privatbahn »FART« die Vermietung von Fahrrädern und deren Rücktransport (siehe Informationen für Radwanderer, Seiten 40, 126). In den übrigen fünf Tälern muß man entweder das Rad mit dem eigenen PKW hinaufschaffen und nach beendeter Tour mit dem Bus zum Auto zurückkehren, um es »nachzuziehen«. Oder man organisiert einen Radtransport durch eine Autovermietung, was besonders für Gruppen von Interesse ist. Zu diesem Zweck sind bei den Taltouren unter »Radverleih und Radtransport« Firmen benannt, die solche Transporte gegen Gebühr vornehmen. (Sportlicheren Fahrern bleibt es natürlich unbenommen, ihre Kondition auch bergan zu testen, um so evtl. die beim Einkehren erworbenen Kalorien – auch das gehört ja zum »Genußradeln« – wieder abstrampeln zu können. Und die anschließende Abfahrt macht dann noch mal soviel Spaß.) Bei den kilometerlangen Uferfahrten an den vier Seen (12 Touren) gibt es nur geringe Steigungen; es geht vorzugsweise eben an den malerischen Gestaden entlang. Nur einige Varianten enthalten auch einmal ordentliche Steigungen (Tou-

ren 10, 19 und 30). Ein kleines Opfer freilich müssen Sie diesem Genuß bringen. In den schmalen Tälern und an den Steilufern der Seen gibt es kaum Ausweichmöglichkeiten von der Straße weg. Radwege können wegen des steilen Geländes und der Bebauung nicht angelegt werden. Also müssen sie neben den Autos als Gruppe brav hintereinander fahren.
Im Tessin trifft man neben Sportfahrern häufiger auch Tourenfahrer, und die Autofahrer respektieren das. In den italienischen Regionen (Touren 11 bis 15, 22 bis 30) bilden die »Genußradler« eine Art Avantgarde. Den Italienern ist die in Deutschland so verbreitete Art des Freizeitradelns fremd; hier begeistert man sich eher für den Giro d'Italia. Tourenfahrer werden vor allem in den Hotels mit viel Sympathie aufgenommen. Die Autofahrer passen sich zwar beiden Typen von Radfahrern an; trotzdem sind die Straßen für Kinder auf Rädern zu gefährlich. Der Autor, der alle Routen abgefahren ist, hat aber überall Ausschau gehalten, wo man dem Verkehr entgehen kann: auf alten Kantonsstraßen neben den ausgebauten Schnellstraßen, auf Ortsdurchfahrten (die im Tessin stets malerisch sind), auf asphaltierten Wirtschaftswegen, gelegentlich auch einmal auf Wanderwegen. Wo immer es ging, hielt er sich an das Prinzip: Weg vom Auto, hin zur Natur und Kultur! Damit es »Genußradeln« bleibt.

Von romanischen Kirchen zu feudalen Parks: Kultur im Tessin

Was das Tessin neben seiner Landschaft und – wo es sich nach Süden öffnet – seinem mediterranen Flair so eindrucksvoll macht, ist die Vielgestaltigkeit seiner Architektur. Betritt man das Tessin vom

Die Abteikirche Acquafredda oberhalb Lennos ist von Zypressen und römischen Amphoren umgeben.

Gotthard aus (Touren 3 bis 7), kommt einem der erwartete »Hauch aus Italien« nur allmählich entgegen. Zunächst sind es entlang der *Strada Alta* (Tour 4) ärmlich wirkende Dörfer mit Bruchsteinhäusern, aber mit oft wunderbaren romanischen Kirchen, von denen die *S. Martino di Deggio* aus dem Ende des 10. Jh. und *S. Maria di Castello* in Giornico aus dem 12. Jh. zu den berühmtesten gehören. Mit zunehmender Tiefe und Öffnung der Täler zu breiten Schwemmlandebenen, wie in der Riviera zwischen Biasco und Bellinzona (Tour 7), im Val Vedeggio (Tour 17) oder im Piano di Chiavenna (Tour 28), geht das Ticino Romanico allmählich in das Ticino Barocco über. Hier steht strenge Romanik neben barockem Überschwang, wie z.B. *S. Vittore* aus der Zeit um 1100 und die Wallfahrtskirche *Madonna del Sasso* in Locarno (Tour 10). Im Bereich der großen Seen aber dominiert das barocke Tessin eindeutig über das romanische. Doch zeigt sich hier im Unterschied der eigentlichen Tessiner Seen zum Comer See (Lago di Como bzw. »Lario«) deutlich die historische Entwicklung: Sind es im »Schweizer Tessin« immer wieder die Kirchen, die von barocker

Von der »Strada Alta« kann man herrliche Ausblicke genießen.

Gebirge und Seen im Tessin

Das Tessin wird im Norden vom Alpenhauptkamm begrenzt, im Westen von dem nach Süden ziehenden Kamm, der vom Nufenenpaß über den Basadino zum Sonnenhorn verläuft. Auf ihnen liegen etwa zwanzig Dreitausender, von denen das Rheinwaldhorn mit 3402 m und der Basadino mit 3272 m (Tour 1, Variante) die höchsten sind. Es handelt sich bei beiden Gebirgskämmen um leicht vergletschertes, hochalpines Gelände. Um den Basadino erinnern einige deutsche Namen wie Marchhorn, Kastelhorn, Kalbenhorn, Ritzberg, Sonnenhorn usw. daran, daß hier im 14. Jh. Walser Kolonisten gesiedelt haben; die Namensgebung erfolgte vom italienischen Val Formazza aus.

Im Osten bildet der vom Rheinquellhorn (3200 m) nach Süden ziehende Kamm die Grenze (Tour 6). Ein in westöstlicher Richtung verlaufender Gebirgsriegel südlich Locarno–Bellinzona trennt das Sottoceneri (Touren 10, 15, 16) vom Sopraceneri (Touren 17 bis 21). Der Riegel wird am Paß Monte Ceneri durch einen Eisenbahn- und Autobahntunnel sowie eine Paßstraße in 554 m Höhe überwunden. Der um die 2000-m-Grenze schwankende Kamm der Luganer Alpen trennt das politische Tessin vom Comer See (Touren 29, 30). Der Ostarm des Luganer Sees stellt aber die Verbindung zwischen beiden her. In den Eiszeiten sind von den hohen Kämmen Gletscherströme herabgezogen und haben Trogtäler hinterlassen (Touren 1 bis 7). Erst in den tiefer gelegenen Talabschnitten charakterisiert die V-Form die Erosionstäler. Eine Besonderheit bilden dabei die Schluchten des Centovalli (Tour 8) und Onsernone (Tour 9) sowie die Ausgänge des Val Maggia bei Ponte Brolla (Tour 1)

Phantasie zeugen, so sind es im »italienischen Tessin« vorzugsweise die schloßartigen Villen mit ihren großen Parks und ihrer Prunkentfaltung. Das Ticino, ob Vogtei, Halbkanton oder Kanton, hatte den Feudalismus nahezu abgeschafft, während er am Comer See sowohl als klerikaler wie auch als weltlicher Adel im Barock sich erst voll entfaltete. Bischöfe, Kardinäle, die Visconti und Muralto wetteiferten in der Anlage prächtiger Palazzi und erlesener Parkgestaltung. An der Einmündung des Lago di Lecco in den Lario (Touren 23, 30) drängen sich auf engem Raum sieben solcher Villen und Parks – man kommt aus dem Staunen nicht heraus. Einen Vorgeschmack dieser feudalen Schloßarchitektur kann man auf der *Isola di Brissago* im Lago Maggiore genießen, die man von Ronco aus mit der Fähre erreicht (Tour 10).

und des Val Verzasca bei Contra-Gordola (Tour 2).

Während die Täler vorzugsweise den Kunstliebhabern, Wanderern und Radfahrern vorbehalten bleiben, bilden die Tessiner Seen den eigentlichen touristischen Magneten.

Zwischen dem Lago Maggiore (dt. »Langensee«) und dem Luganer See oder »Ceresio« bestehen erhebliche Unterschiede. Der Lago Maggiore gehört nur an seinem nördlichen Ende zum Kanton Ticino. Wir Genußradler erlauben es uns, den 65 km langen und bis zu 11 km breiten See fast ganz zu umfahren (Touren 10 bis 12, 15). Auch ein Abstecher zum benachbarten, sanfteren Lago di Varese ist vorgesehen (Tour 13).

Der viel kleinere Luganer See besitzt sehr unregelmäßige Umrisse; auf der Karte wirkt er wie eine Amöbe. Als See bildet er eine Einheit, aber der südliche Teil um Porto Ceresio und der Ostarm gehören nicht mehr zum politischen Tessin.

Der Comer See, den wir wegen seiner unüberbietbaren landschaftlichen Schönheit und des architektonischen Reichtums seiner Orte dem Tessiner Programm angeschlossen haben, teilt sich bei Bellagio in zwei Arme, an deren Enden die bedeutenden Städte Como und Lecco liegen. Mit 50 km Länge steht er dem Langensee kaum nach, wirkt aber wegen seiner geringeren Breite überschaubarer.

Das Tessin: politisch, historisch, geographisch, touristisch

Das Tessin als politischen Begriff gibt es seit 1803, als der Kanton Ticino als einer der letzten der Schweiz gegründet wurde. Schon fünf Jahre vorher waren im Zuge der napoleonischen Neuordnung Europas die beiden Halbkantone Bellinzona und Lugano geschaffen worden. Dieses »heutige Tessin« besaß seine Vorläufer, als 1512 das Gebiet des Tessins von den Eidgenossen besetzt wurde. Diese Eroberung wurde aber drei Jahre später durch eine Niederlage gegen die Franzosen wieder in Frage gestellt. Die Eidgenossen boten daraufhin die Neutralität an, schlugen ein Angebot der Franzosen, ihnen das Tessin für 300 000 Goldkronen abzukaufen, aus und gründeten die »Ennetbirgischen Vogteien«. Die Grenzen des Kantons Ticino bilden im Norden der Alpenhauptkamm, im Westen und Süden die Staatsgrenze zu Italien und im Osten der Kamm, der vom Rheinwaldhorn zur Cima di Cogn zieht. Das historische Tessin ist umfassender und deckt sich mit den Grenzen des heutigen Tessins nur im Norden und Westen. Bis zu den Hohenstaufen war es Teil des Deutschen Reiches. 948 schenkte der Bischof Atto von Vercelli die »Ambrosianischen Täler« dem Domkapitel zu Mailand. Bis 1100 herrschten die Bischöfe von Como über Bellinzona, Locarno und das Val Maggia. Auf die klerikale Macht folgten die weltlichen Feudalherren: Bis zum 14. Jh. herrschten die Mailänder Adelshäuser der Muralto, Visconti und Sforza über die Tessiner. Die Visconti dehnten ihre Herrschaft auf Como und das heutige Tessin aus. Diese Machtstrukturen wurden durchbrochen, als im 14. und 16. Jh. die Urner in die Leventina zogen und Bellinzona für die Innerschweiz eroberten. Nach der Gründung der Ennetbirgischen Vogteien 1515 breitete sich in Locarno die Reformation aus, doch mußten 1555 Reformierte die Stadt zwangsweise verlassen. Eine Reise des Mailänder Kardinals in die Alpentäler sollte die Gegenreformation stabilisieren. Eine erfolglose Erhebung der Leventinesi gegen die Urner führte zur vorübergehenden Annexion der Leventina durch den innerschweizer Kanton Uri im Jahre 1814. Bis 1853 wohnten in der Lombardei und in Venetien größere tessinische Volksgruppen. Sie wurden im Zuge des aufkommenden italienischen Nationalismus in zwei Aktionen vertrieben und flohen in das heutige Tessin. (Noch heute sprechen Südtessiner und Lombarden einen gemeinsamen Dialekt.) Nach dem turnusmäßigen Wechsel der Städte Bellinzona, Locarno und Lugano als Regierungssitz wurde 1878 Bellinzona endgültig Kantonshauptstadt. 1925 blickte Europa nach dem Tessin, als die Außenminister von Belgien, Frankreich (Briand), Deutschland (Stresemann), England und Italien im Vertrag von Locarno einen Sicherheitspakt für das Nachkriegseuropa unterzeichneten. Die Konferenz von Stresa zwischen England, Frankreich und dem faschistischen Italien im Jahre 1935 gegen Hitlers Aufrüstung konnte die Aushöhlung des Locarno-Vertrages nicht mehr verhindern.

Die historisch und ethnographisch fließenden und offenen Grenzen des Tessins nach Süden und Osten werden durch geographische Fakten gestützt. Die großen Seen, der Lago Maggiore und der Lago di Lugano, öffnen das Tessin nach Süden Richtung Poebene. Daß die Staatsgrenze mitten durch beide Seen geht, ändert nichts an der Tatsache, daß Seen eher etwas Verbindendes und nichts Trennendes darstellen. Der Fluß Ticino, der am Nufenenpaß entspringt und dem Kanton seinen Namen gab, durchströmt den Lago Maggiore und mündet erst bei Pavia in den Po. Und der Osthang der Luganer Alpen endet am Westufer des Comer Sees. Unter dessen Hinzunahme werden die drei Seen zwar nicht politisch exakt, aber geographisch plausibel von der deutschen Bevölkerung gern als »Tessiner Seen« bezeichnet.

Dieser Ausdehnung des Begriffs Tessin nach Süden und Osten haben außer gemeinsamer Sprache und Religion, Geschichte, ethnographischen und geographischen Gegebenheiten vor allem Wirtschaft und Tourismus Vorschub geleistet. Beide haben seit 1900 mit kurzen Unterbrechungen durch die beiden Weltkriege ständig zugenommen. Vom einst ärmsten Kanton der Schweiz entwickelte sich das Tessin zu einer heute wirtschaftlich bedeutenden Region.

Angelockt durch die landschaftlichen und klimatischen Reize ließen sich seit Anfang des 20. Jh. vorzugsweise Künstler und Schriftsteller wie Hermann Hesse, Golo Mann, Max Frisch, Erich Maria Remarque im Tessin nieder. Und in den 50er Jahren verbrachte Konrad Adenauer seine Ferien in Cadenabbia am Westufer des Comer Sees. Neben den geistigen Eliten hatte auch so mancher Reiche und Mächtige aus Wirtschaft und Politik seine bald sprichwörtlich gewordene »Villa im Tessin«; heute sind die Grundstücke am Luganer See sogar für die finanzkräftigen Schweizer nahezu unerschwinglich geworden. Anders als die, die hier feste Wohnsitze suchen, sorgen die, die unterwegs sind, für fließende Grenzen an den »Tessiner Seen«: die Touristen, unter ihnen seit den letzten Jahren vorzugsweise die Radfahrer. So umfaßt beispielsweise die »Velokarte des Tessin« des bekannten Schweizer Verlages Kümmerly + Frey die Gebiete Lugano – Bellinzona – Locarno – Varese.

Auch die Schweizer Postbusse der PTT fahren am Lago Maggiore von Luino nach Bellinzona und von Lugano über Porlezza am Comer See entlang und dann nach Tirano oder St. Moritz. Fazit: Das Tessin der Touristen ist zumindest nach Süden und Osten etwas größer als das politische Ticino.

1

Talfahrten in den Tessiner Alpen

1 Valle Bavona und Valle Maggia

San Carlo – Sonlèrt – Foroglio – Fontana – Cavergno – Bignasco – Cevio – Someo – Giumaglio – Lodano – Aurigeno – Gordevio – Avegno – Ponte Brolla

Diese Route eignet sich wegen ihrer hohen Ausgangslage von knapp 1000 m für die Zeit vom späten Frühjahr bis tief in den Herbst, also Ende April bis Oktober. Gleich die erste Tour wirft die Problematik von Tessiner Talfahrten auf: Radtransport und Fahren auf der Straße. Am einfachsten ist es, das Rad mit dem eigenen Auto nach San Carlo zu bringen, wo sich 100 m nach der Brücke über die *Bavona* links zwei große Parkplätze befinden. Dann rollt oder fährt man die Route bis *Ponte Brolla* ab. Mit dem Bus kehrt man über *Bignasco* (umsteigen!) wieder zurück, um das Auto nachzuziehen. Auf diese Weise durchfährt man das schöne Tal viermal. Das Fahren auf der Straße läßt sich teilweise entschärfen: Von Someo bis Avegno benützen wir alte Nebenstraßen und Waldwege, das ist etwa ein Drittel der Strecke. Auf den übrigen zwei Dritteln herrscht an Werktagen vormittags nur geringer bis mäßiger Verkehr – besonders, solange die Seilbahn nach Robiei nicht fährt.

 Ausgangsort und Anfahrt
San Carlo (945 m). Hierher mit dem eigenen PKW oder Radtransport durch Tennis Club Vallemaggia (s.u. »Radtransport«).

 Zielpunkt und Rückfahrt
Ponte Brolla. Rückfahrt mit dem Bus (ab Ponte Brolla ca. 14.20 oder 15.20 Uhr, in Bignasco umsteigen).

Gesamttourenlänge
40 km. 38 km Asphalt, 2 km Schotter.

Zeitbedarf
4 Std. Fahren, 2 Std. Besichtigen.

 Etappen
San Carlo – Bignasco: 13 km; Bignasco – Aurigeno: 18 km; Aurigeno – Ponte Brolla: 9 km.

 Steigungen und Gefälle
60 Höhenmeter auf, 760 Höhenmeter ab.

 Geländestruktur
Trogtal glazialer Entstehung. Die Talsohle ist im Tal der Bavona ca. 600 m, im Tal der Maggia etwa 1 km breit und mit Flußschotter bedeckt. Der V-förmige Talausgang ist schluchtartig.

Sehenswertes
Foroglio: Dorfbild mit Speichern, Scheunen und Ställen. *Bignasco:* S. Michele (1483). *Cevio:* S. Maria Assunta e S. Giovanni (16. Jh.) mit Beinhaus (18. Jh.); Haus der Franzoni (Museo di Valmaggia); Pretorio mit 12 Wappen; Casa Respini; Oratorio della Rovana (17. Jh.) mit reich verzierten Stukkaturen. *Gordevio:* S. Giacomo e Filippo; Landhaus mit Arkaden und Galerien.

Zu beachten
Meiden Sie die Talfahrt an schönen Sonn-, Feier- und Ferientagen wegen des regen Ausflugverkehrs!

Varianten
Ausbau zur 2-Tage-Tour: 1. Am ersten Tag Radtransport nach San Carlo und Seilbahnauffahrt nach Robiei. Hier Wanderung an den Stauseen und Übernachtung. Am zweiten Tag Seilbahnabfahrt und Talfahrt wie beschrieben.
2. Oder am ersten Tag Radtransport nach San Carlo und Abfahrt bis Bignasco. Am zweiten Tag Auffahrt ins Val Lavizzarra und Val di Peccia, Abfahrt über Bignasco und dann wie beschrieben (741 Höhenmeter Steigung, 983 Höhenmeter Gefälle).

13

Sonlèrt im Valle Bavona bietet ein Musterbeispiel für »pittoreske Armut«.

Wir beginnen die Talfahrt in **San Carlo** hinter der Brücke über die *Bavona*. Die Seilbahn, deren Talstation 100 m höher liegt, fährt ab Juni in das Gebiet von vier hochalpinen Stauseen. Am *Lago di Robiei* kann man auf Touristenlagern preiswert übernachten (siehe »Varianten«). Von San Carlo rollen wir hinab Richtung Bignasco. Am Straßenrand oder auf der anderen Flußseite stehen uralte Dörfer von »pittoresker Armut«: *Sonlèrt*, *Faed*, *Foroglio*, *Ritorto*, *Sabbione*, *Fontana*, *Mondada*, *Cavergno*. Ihre Häuser sind aus Bruchsteinen errichtet, oft dürftig, aber von fast jedem Balkon hängen bunte

Geranien. In *Foroglio* birgt die Kapelle *S. Maria Assunta* einen kleinen Flügelaltar aus der Hand eines süddeutschen Meisters (um 1550). Hinter dem Dorf stürzt der *Fiume Calneggia* als Wasserfall 200 m tief auf einen Granitfelsen. Am alten Talweg stehen Bildstöcke. Riesige Felsblöcke in den Wiesen zeugen von Bergstürzen. Kurz vor **Cavergno** wird das Tal eng.

In **Bignasco** vereinigen sich das *Val Lavizarra* und das *Val Bavona* zum *Val Maggia*. Es gilt als schönstes der tessinischen Alpentäler und ist auch historisch bedeutsam. Noch vor den Römern siedel-

ten die Gallokelten im Tal. Das politische Selbstbewußtsein der Talbewohner geht bis auf die Gemeindeverwaltung der Römer zurück. Die eigentliche Kolonisation begann 720; einige alte romanische Dorfkirchen gehen z.T. bis in diese Zeit zurück. In **Cevio**, das wir nach 3 km erreichen, erinnern die Palazzi mit ihren Prunktoren daran, daß von hier aus die Visconti das Tal verwalteten. Zunächst stehen rechts der Straße *S. Maria Assunta e S. Giovanni* aus dem 16. Jh. und gleich dahinter ein im 18. Jh. errichtetes Beinhaus mit »Memento mori«-Darstellungen. Cevio ist fraglos der bedeutendste Ort des langen Val Maggia; er wirkt fast städtisch. Das spürt man besonders, wenn man auf die schmale Piazza gelangt. Vor dem *Albergo Basadino* stehen rechts das mit zwölf Wappen der Landvögte geschmückte *Pretorio*, rechts daneben ein Patrizierhaus, in dem man feudal übernachten kann, und schließlich die *Casa Respini* mit einem prunkvollen Barockportal. Im *Haus der Franzoni* ist das *Museo di Valmaggia* untergebracht. Ein Abstecher nach rechts zur Brücke über die *Rovana* lohnt wegen des *Oratorio della Rovana* mit Vorhalle, geschmücktem Portal und Stukkaturen im Innenraum. Auf einer kleinen Nebenstraße gelangt man zurück zur Autostraße, die wir nun 6 km bis **Someo** verfolgen. Der breite Schottergrund des Tals ist das Ergebnis des Hochwassers von 1868, welches das Kulturland in eine Kieswüste verwandelte. Am Ortseingang von Someo fahren wir links in die alte Dorfstraße.
Wir halten uns immer links: vor der Einmündung in die Autostraße – nach Durchfahren von **Giumaglio** und **Coglio** auf der Autostraße links auf dem Fußweg bleibend – beim Abzweig »Lodano« (Ww.) links durch die Unterführung rollend – nach der Brücke den schmalen As-

Im zentralen Cevio erfreut sich das Museo di Valmaggia im Haus der Franzoni regen Besuchs.

phaltweg benutzend. Am rechten Talhang fahren, treten und rollen wir nach **Moghegno**. Wir bleiben am rechten Ufer der *Maggia*, ignorieren die Brücke und treten hinauf nach **Aurigeno**. 200 m nach einer kleinen Brücke zweigt am Ortsanfang links eine kleine Straße ab (Ww. »Terra di Fuori«). 800 m weiter biegen wir links hinunter zur schon sichtbaren Hängebrücke, auf der wir die *Maggia* überqueren. Unmittelbar hinter der Brücke fahren wir rechts fast 2 km auf einem manchmal

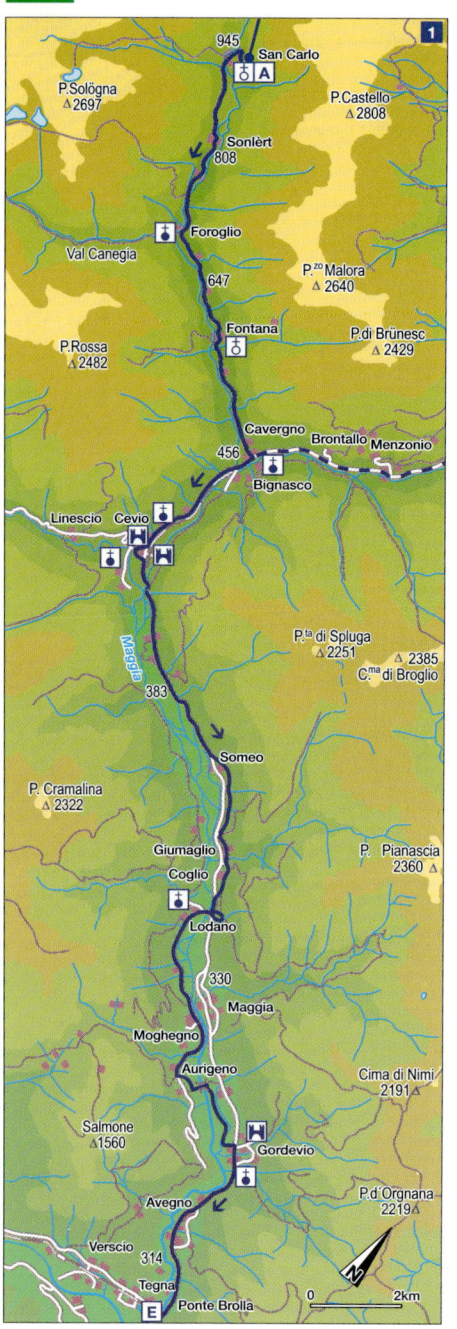

etwas rauhen Fußweg durch den Auwald *Saleggio* nach **Gordevia** (Ww.). Wenn es die Zeit zuläßt, sollten wir hinauf an das Nordende des Dorfes fahren, wo das *Landhaus* mit zweigeschossiger Säulenarkade und einer Holzgalerie steht. Zurück zur Hauptstraße, radeln wir die letzten 5 km durch das immer enger werdende Tal, bis wir an der Schlucht von **Ponte Brolla** unser Tagesziel erreichen. Nach 15 Uhr fährt der letzte Bus hinauf, der in Bignasco Anschluß nach San Carlo hat (an gegen 17 Uhr). Sollte die Zeit knapp werden, kann man an jeder Bushaltestelle vor Ponte Brolla die Räder deponieren und die Rückfahrt antreten.

Radverleih und Radtransport
Ronchini: Tennis Club Vallemaggia, ✆ 7 53 21 97.

Übernachtungen unterwegs
Capanna Basadino, CAS, ✆ 7 53 27 97, 60 Lager, Juni bis Oktober. *Bignasco:* Hotel Posta, ✆ 7 54 11 23; Turisti, ✆ 7 54 11 65. *Cevio:* Basadino, ✆ 7 54 11 01; Hotel della Posta, ✆ 7 54 18 96; Zimmer im Patrizierhaus, ✆ 7 54 21 27.

Einkehrmöglichkeiten
Foroglio: La Froda (tessinisch-rustikales Ambiente). *Cavagno:* Rist. Bocciodromo. *Bignasco:* Rist. Turisti. *Cevio:* Rist. della Posta. Ab Cevio in jedem Ort Ristorante oder Pizzeria.

Öffnungszeiten
Cevio: Museo di Valmaggia, 01.04. – 31.10., Di – Sa 10 – 12, 14 – 18 (Do nur 14 – 18) Uhr.

Auskunft
CH-6673 Maggia, Ente Turistico, ✆ 7 53 18 85, Mo – Fr 8 – 12, 14 – 18, Sa 9 – 12 Uhr

Kombinationen
Von Locarno aus können die Touren 1, 2, 8, 9, 10 und 16 angefahren werden.

Landkarten
LKS 1:50 000, Blatt-Nrn. 265, 275, 276.

2 Val Verzasca und Lago di Vogorno

Sonogno – Frasco – Gerra – Brione – Lavertezzo – Corippo – San Bartolomeo – Vogorno

 Ausgangsort und Anfahrt
Sonogno, Parkplatz am Ortseingang. Hierher mit dem eigenen PKW oder Radtransport (siehe Tour 9).

 Zielpunkt und Rückfahrt
Vogorno-S. Bartolomeo. Rückfahrt mit dem Bus gegen 14 oder 18 Uhr.

 Gesamttourenlänge
20 km. Alles Asphalt.

Zeitbedarf
1 bis 2 Std. Fahren, 3 Std. Besichtigen.

 Etappen
Sonogno – Brione: 8 km; Brione – Vogorno: 12 km.

 Steigungen und Gefälle
78 Höhenmeter auf; 525 Höhenmeter ab.

Geländestruktur
Alpental, im 1. Abschnitt Trogtal, im 2. Abschnitt Erosionstal, im 3. Abschnitt Hochuferfahrt über einem Stausee.

Sehenswertes
Sonogno: Talmuseum. *Frasco*: Madonna del latte. *Brione*: Castello Marcacci (17. Jh.), S. Maria Assunta (1296, Freskenzyklus). *Lavertezzo*: S. Maria degli Angeli (16./18. Jh.), Ponte dei Salti. *Corippo*: S. Maria del Carmine (17. Jh.). *Vogorno*: S. Bartolomeo (1225). Alte Dorfkerne, besonders Sonogno und Corippo.

Zu beachten
1. Vermeiden Sie die Talfahrt an schönen Sonn-, Feier- und Ferientagen wegen des starken Ausflugverkehrs. An Werktagen bietet die Straße besonders am frühen Vormittag keine Probleme.
2. Im Sommer Badezeug mitnehmen (Bademöglichkeit in den »Pozzi« oder Gumpen).

Wenn man im April das abgeschiedene *Val Verzasca* von dem 925 m hohen Sonogno nach dem 205 m tief gelegenen Gordola nahe dem Lago Maggiore hinunterfährt, durchquert man alle Phasen des tessinischen Frühlings von der Schneeschmelze bis zu blühendem Goldregen, Oleander und Rhododendron unter Palmen. Mit einem Vergnügen ganz anderer Art erwartet das Tal im Sommer die Radfahrer: Im Flußbett liegen gewaltige, fein geäderte Felsblöcke aus Serizit-Gneisen, die dem zwischen den Blöcken sprudelnden Wasser eine smaragdgrüne Farbe verleihen. Daher kommt auch der Name des Flusses: »Verzasca« entstand aus »verde acqua« (grünes Wasser). Felswannen, gefüllt mit kristallklarem Wasser (»Pozzi«), laden im Sommer zum Baden ein; nach dem kühlen Bad kann man sich auf den aufgeheizten Blöcken durchwärmen lassen.

So touristisch attraktiv das lange Tal ist, so bedrückend ist seine Geschichte: Im 19. Jh. wanderten zahlreiche Talbewohner nach Kalifornien aus; sie waren dem Goldrausch erlegen. Corripo verlor von 1850 bis 1870 85 % seiner Einwohner. Auch in unserer Zeit ziehen viele junge Leute fort, weil sie im Tourismus oder in der Industrie im Piano di Magadino Arbeit gefunden haben.

Sonogno, wo wir unsere Radfahrt beginnen, gehört zu diesen Dörfern, die durch Auswanderung ausgezehrt und überaltert sind. In Kalifornien leben doppelt so viele Sonognesi wie im alten Heimatdorf. Vom großen Parkplatz vor dem Ort, an dem der öffentliche Verkehr endet, sollten wir erst ein Stück in das Dorf mit seinen alten Bruchsteinhäusern und Gassen hineingehen. Über dem pittoresken Dorfbild thronen der **Monte Zuechero** (2735 m)

In Brione laden stille Winkel zur Rast oder Privatzimmer zur Übernachtung ein.

Mit elegantem Schwung führt die Doppelbogenbrücke Ponte dei Salti über die Verzasca.

und die *Rasiva* (2684 m) mit ihrem Verbindungsgrat: Gipfel, die bis weit in den Juni hinein Schnee tragen.

Die Radfahrt im Verzasca-Tal ist ein Genuß in Reinkultur: Es gibt keine steilen Abfahrten, nur eine einzige Kehre; man muß nur gelegentlich bremsen, meist läuft das Rad wie von selbst. Einzig der angebotene Abstecher nach Corippo gegen Ende der Tour verlangt 78 Höhenmeter Steigung. Ansonsten erwarten uns nahezu 600 Höhenmeter Abfahrt, verteilt auf 18 km – genüßliches Fahren oder Rollenlassen im »Herzstück des Tessins«.

Das sollte uns nicht daran hindern, in den alten Dörfern haltzumachen, Kirchen und Häuser zu bewundern und die Geschichte zu studieren. Zum Beispiel in **Brione**, wo die Kirche *S. Maria Assunta* unseren Besuch verdient. Mehrere Bauabschnitte

kann man deutlich an ihr unterscheiden: Aus dem Jahr 1296 stammen ein Teil der südlichen Wand und die westliche Vorhalle. Die Fresken an der Südwand, außen wie innen, entstanden im 14. Jh. 1540 wurde die Kirche fast um das Doppelte verlängert und verbreitert. Die Turmuhr wurde von kalifornischen Auswanderern gespendet.

Schräg gegenüber der Kirche steht das wehrhafte, mit vier Ecktürmen und Umfassungsmauern versehene *Castello Marcacci* (heute »Trattoria Castello«, aber privat). Dem Giovanni A. Marcacci, dem das Castell als Sommersitz diente, wurde 1677 ein polnischer Adelstitel verliehen: Verbindungen von Polen bis ins Tessin und von hier nach Kalifornien! Nach 5 km Rollenlassen halten wir kurz vor **Lavertezzo** wieder an: Die mittelal-

19

terliche Steinbogenbrücke *Ponte dei Salti*, die sich in zwei Bögen elegant über die *Verzasca* schwingt, ist ein Besuchermagnet. Unten im Flußbett turnt die Jugend über Granitgesimse und Blöcke. Im Sommer herrscht hier Hochbetrieb, wenn man in den »Pozzi« badet und sich auf den Granitblöcken sonnt. *S. Maria degli Angeli* im Dorf besticht mit einem hochgezogenen Chor und einem Fenster in Form eines umgekehrten Herzens.

Die Dörfer steigern sich in ihrem pittoresken Häusergewirr. Höhepunkt bildet dabei unzweifelhaft **Corippo** auf der gegenüberliegenden Talseite. Die Viertelstunde Bergauftreten oder -schieben ist es unbedingt wert, denn hier steht ein ganzes Dorf unter Denkmalschutz! Im Dorf selbst gibt es keine Straßen, nur Treppen und Stiegen! Nur leider – das Dorf wirkt wie ausgestorben. Armut und Auswanderung haben es ausgezehrt. Nun wird die Armut geschützt!

In **S. Bartolomeo**, spätestens in **Vogorno**, kann man die Tour beenden. Denn was nun folgt, wirkt eher abstoßend als anziehend: ein häufig fast ausgetrockneter Stausee, eine längere Steigung, sieben Tunnel, danach eine steile Abfahrt von 250 Höhenmetern mit Kurven, Kehren und Autos. Einzig der sich plötzlich auftuende Blick auf den Lago Maggiore stimmt da versöhnlich.

Radverleih und Radtransport
Locarno: Belotti Sport, Via Cittadella 22, ✆ 7 51 66 02; Garni Nessi, Via Varenna 79, ✆ 7 51 77 41. *Tenero*: Stazione SBB/FFS, ✆ 7 45 12 54.

Übernachtungen unterwegs
Sognogo: Rist. Alpino, ✆ 7 46 11 63. *Gerra*: Pensione Froda, ✆ 7 46 14 52. *Frasco, Brione, Lavertezzo*: Privatzimmer. *S. Bartolomeo*: Osteria Verzasca, ✆ 7 45 15 97.

Einkehrmöglichkeiten
Sognogo: 600 m talein vom Dorf Grotto Efra (einheimische Wurstspez.); Grotto Redorta. Nach *Gerra*: Grotto Sasselo (Forellen). *Lavertezzo*: Osteria Motta; Osteria Vittoria; Osteria Corippo.

Öffnungszeiten
Sonogno, Museo di Val Verzasca: Juli–Sept. tägl. 11.30–16.30 Uhr. *Vogorno*: Schlüssel für die Kirche S. Bartolomeo in der Osteria.

Auskunft
CH-6598 Tenero, Ente Turistico, ✆ 7 45 16 61, Mo – Fr 9 – 12, 14 – 18 Uhr.

Landkarten
LKS 1:50 000, Blatt Nr. 266 T.

3 Val Bedretto oder die »Strada Bassa«

(Alp di Cruina) – All'Acqua – Ronco – Bedretto – Villa – Fontana – Airolo

 Ausgangsort und Anfahrt
(Alp di Cruina, 2003 m oder) All'Acqua, 1614 m. Hierher mit eigenem PKW.

 Zielpunkt und Rückfahrt
Airolo. Rückkehr mit dem Bus (ab Airolo 15 Uhr, bis Ende Mai nur bis Ronco).

 Gesamttourenlänge
(19 bzw.) 14 km. Alles Asphalt.

 Zeitbedarf
1 bis 2 Std. Fahren, 1 Std. Besichtigen.

 Etappen
Alp di Cruina – Bedretto: 10 km; Bedretto – Airolo: 9 km.

Steigungen und Gefälle
8 Höhenmeter auf; (867 bzw. 480) Höhenmeter ab.

 Geländestruktur
Hochalpines, zwischen 1000 und 2000 m hoch gelegenes, stufenloses Trogtal glazialen Ursprungs, in welchem durch Lawinen und Bergstürze bis auf die Hänge der rechten Talseite fast der gesamte Baumbestand vernichtet wurde.

 Sehenswertes
All'Acqua: Hospiz (16. Jh.). *Bedretto*: S. Maria delle Grazie (15. Jh.). *Villa*: Pfarrkirche S. Maccabei.

Zu beachten
In der 1. Etappe liegen 523 m Gefälle auf 6 km, daher sind gute Bremsen erforderlich. Bei Rücktrittbremsen sind Abkühlpausen nötig.

 Varianten
1. Nur wenn die Straße bis an den Fuß des Nufenenpasses (2003 m) von Schnee geräumt ist, kann die Abfahrt an der Alp di Cruina begonnen werden, sonst ab All'Aqua.
2. Im Sommer können sportliche Fahrer die Abfahrt vom Nufenenpaß beginnen (+ 6 km und + 440 m Gefälle).

Eine schneefreie Straße ab Ende April vorausgesetzt, stellt der Ausgangspunkt *Alp di Cruina* die größte Höhe des Tessiner Tourenprogramms dar. Um hier beginnen zu können, braucht man den eigenen PKW, einen Transportwagen oder kräftige Beinmuskeln zum stundenlangen Treten. Die sich anschließende 19 km lange Abfahrt mit einem Gefälle von 867 m freilich stellt dann Genußradeln par excellence dar. Bis zur Öffnung des Nufenenpasses (Juni) ist die Straße wenig befahren.

Das **Val Bedretto** ist eines der am höchsten gelegenen Täler der Tessiner Alpen. Sieben Monate im Jahr liegt im oberen Teil Schnee. Außer der jahreszeitlichen Ungunst haben Lawinen, Bergstürze und Brände fast den gesamten Wald im Talgrund zerstört. Nur die Alpwirtschaft wird noch betrieben. Erst seit dem Bau der Nufenenpaßstraße (2478 m) ist der Tourismus ins Tal gezogen und hat den Exodus der Bewohner gestoppt. Landschaftlich ist das Val Bedretto sehr reizvoll, links schaut man auf die leicht vergletscherten Hänge des Piz Rotondo (3192 m) mit seinen Zackengraten, rechts auf die felsigen Steilwände des Marchhorns (2962 m). Von der *Alp di Cruina* führt ein Fußweg neben, teilweise auf der Straße, die »Strada Bassa«. Die »tiefe Straße« findet ab Airolo ihre Fortsetzung in der »hohen Straße«, der »Strada Alta« (Tour 4). Diese liegt teilweise tiefer als die Strada Bassa. Die Adjektive »alta« und »bassa« beziehen sich auf die Talsohle:

Auf der oft schon im April teilweise geräumten Nufenenpaßstraße stellt die 2003 m hohe Alp di Cruina das »Nonplusultra« an Ausgangshöhe dar.

Die »Bassa« verläuft im Tal, die »Alta« am Hang 400 m oberhalb der Talsohle. Die Radfahrt nach Airolo verläuft problemlos: Man bleibt nahezu immer auf der einzigen Straße im Tal. In **All'Acqua** kann man ein altes »Ospicio« aus dem 16. Jh. sehen, das Verunglückte vom Passo S. Giacomo oder dem Nufenenpaß aufnahm. 2 km nach All'Acqua verlassen wir die Straße nach links auf der alten Saumstraße (Ww. »Ronco«). Nach dem Weiler **Ronco**, wo man im Ristorante *Stella Alpina* eine Rast einlegen kann, kommen wir nach **Bedretto**, dem Hauptort des Tales. In der Pfarrkirche *S. Maria delle Grazie* steht ein farbiges Relief aus Lärchenholz; es entstammt dem 15. Jh.

Auch im Weiler Ronco ist die alte Saumstraße gut ausgebaut.

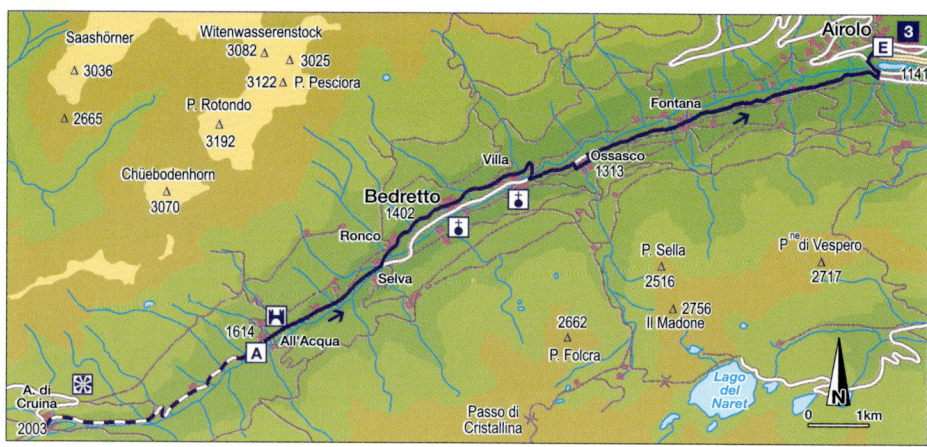

Über die Kapelle *Caretta* kommen wir auf der Saumstraße nach **Villa**, wo der fünfeckige Campanile der Pfarrkirche eine Besonderheit darstellt. Die hangseitige, fünfte Ecke sollte mögliche Lawinen spalten, ehe sie die Kirche treffen. Hinter Villa geht es in einer großen Kehre wieder hinunter auf die neue Umgehungsstraße, der wir über **Ossasco** (Ortsdurchfahrt benutzen!) und **Fontana** nach **Airolo** folgen. Da die Talfahrt mit 14 km relativ kurz ist, können wir den Mittag noch zum Besuch von Airolo nutzen. Unübersehbar sind hier natürlich in erster Linie die technischen Leistungen unseres Jahrhunderts: die Einfahrten in den Eisenbahn- und Autobahn-Gotthardtunnel sowie die »Straßen-Spaghetti«, die Bedrettostraße, alte und neue Gotthardpaßstraße, Autobahn, Bahnhof und Ort miteinander verbinden. Bis Andermatt hatte die alte Gotthardstraße 45 Kehren, die neue hat acht und die Autobahn gar keine. Das Dorf Airolo wurde oft durch Katastrophen zerstört. Was man heute an Bauten sieht, ist abgesehen vom Campanile und einer Barockkapelle nicht älter als hundert Jahre. Da staunt man denn doch, daß der Ort schon im 6. Jh. besiedelt war, wie Ausgra-

bungen unter dem Kirchenfußboden gezeigt haben. Am Bahnhof steht ein Bronzerelief für die Opfer des Gotthardtunnelbaus. Es lohnt sich, in Airolo Quartier zu beziehen, da von hier aus die Touren 4 und 5 angefahren werden.

Radverleih und Radtransport
Airolo: Stazione, SBB/FFS, ✆ 8 69 14 39, Vorbestellung ratsam.

Übernachtungen unterwegs
Cap. Corno Gries CAS, 2338 m, 1 Std. von Alp di Cruina, ✆ 8 69 11 29, 80 Betten und Lager, Juli – Sept. *Ronco*: Rist. Stella Alpina, ✆ 8 69 17 14, 88 27 97, Zimmer und Lager. *Airolo*: 4 Hotels, z.B. Hotel des Alpes, ✆ 8 69 17 11 und Hotel Forni, ✆ 8 69 12 70.

Einkehrmöglichkeiten
All'Acqua: Rist. Ovelli Monica. *Ronco*: Stella Alpina. *Bedretto*: Rist. Pizzo Rotondo; Rist. Orelli.

Auskunft
CH-6780 Airolo: Ente turistico di Leventina, ✆ 8 68 15 33, Mo – Fr 9 – 11.30, 14 – 17.30 Uhr, ganzjährig.

Kombinationen
Fortsetzung der Tour 3 mit den Touren 4 bis 7.

Landkarten
LKS 1:50 000, Blatt-Nr. 265.

24

4 Ein Stück auf der »Strada Alta«

Airolo – Madrano – Brugnasco – Altanca – Ronco – Deggio – Quinto – Ambri-sopra

 Ausgangsort und Anfahrt
Airolo. Hierher im Anschluß an Tour 3 oder mit SBB.

 Zielpunkt und Rückfahrt
Ambri-Piotta, Stazione. Rückfahrt mit SBB.

 Gesamttourenlänge
16 km. Alles Asphalt.

 Zeitbedarf
3 Std. Fahren, 1 Std. Besichtigen.

 Etappen
Airolo – Deggio: 11 km; Deggio – Ambri-sopra: 5 km.

 Steigungen und Gefälle
330 Höhenmeter auf; 514 Höhenmeter ab.

 Geländestruktur
Straße am Sonnenhang auf der Nordseite des Val Leventina, 4 Seitentäler querend und auf dem alten Saumweg durch alte Dörfer verlaufend.

 Sehenswertes
Deggio: S. Martino di Deggio (10./11. Jh., eine der ältesten Bergkirchen des Tessins). *Quinto:* Pfarrkirche S. Pietro e Paolo (1681, Tierdarstellungen und Krypta 12. Jh.). Alte Dorfkerne mit Holzhäusern in *Altanca, Ronco, Deggio* und *Quinto*.

 Zu beachten
Von Deggio nach Quinto steile, kurvenreiche Abfahrt mit 200 m Gefälle auf 3 km (12%).

 Variante
Von Altanca im Sommer mit dem Schrägaufzug zum Lago Ritom (1852 m) und hier schöne Uferwanderung bis San Carlo (kein Radtransport).

Die »Strada Alta« ist ein in den 70er Jahren als Teil des Europäischen Fernwanderweges Flensburg – Genua angelegter

Selbst auf der »Strada Alta« kann man, wie hier in Altanca, in 1400 m Höhe »genußradeln«.

Höhenweg auf dem Sonnenhang hoch über dem Tal des Ticino. Er benutzt teilweise den alten, heute zu einer schmalen Straße ausgebauten Saumweg, kürzt Kehren durch neu angelegte Wanderwege ab und verbindet dort, wo Straßenbau unmöglich ist, die hochgelegenen Dörfer durch Bergpfade. Wir benutzen dabei bis Deggio das vorwiegend auf Nebenstraßen verlaufende erste Viertel der Gesamtstrecke. Die »Strada Alta« ist etwa 70 km lang und kann in drei Tagesetappen durchwandert werden. Mit den 12 km, die wir auf ihr fahren, kann man Appetit

Im Spätherbst ist eine Fahrt auf der »Strada Alta« besonders fotogen.

bekommen, die restlichen 56 km zu Fuß zu erleben.

Unser Rad-Abschnitt bewegt sich in Höhen zwischen 1421 m und 1156 m. Die größte Steigung liegt gleich am Anfang mit 256 Höhenmetern von Airolo-Vadre bis Brugnasco (4 km). Die Strecke ist von April bis Ende Oktober befahrbar; im Oktober ist sie wegen der Herbstfärbung der Lärchen besonders reizvoll. Die uralten, malerischen Terrassendörfer an den Straßen steigern noch das Erlebnis.

In **Airolo** (1159 m) zweigt gleich nach der Einmündung der vom Bahnhof kommenden Straße auf die Hauptstraße links eine Nebenstraße ab (Wander-Ww. »Strada Alta«). Wir folgen nun immer diesem Weg-

weiser, bis es ins Tal der *Canaria* geht. An der ersten Kehre bleiben wir auf der Straße, während der Fußweg diese nach links verläßt. Die kleine Straße bleibt etwas unterhalb der *Strada Alta*, die wir durch Geradeausfahren in das Dorf **Madrano** wieder erreichen. Dieser Wechsel wiederholt sich: Während wir in Kehren auf 1412 m hinauf treten oder schieben, schneidet die *Strada Alta* dieselben ab. Dann laufen Straße und Weg über **Brugnasco, Altanca** und **Cresta** (1421 m) bis **Ronco** 5 km zusammen. Im Blick zurück schauen wir auf die schneebedeckten Dreitausender um den *Monte Rotondo*. 1 km hinter Brugnasco ist das harte Stück Arbeit von 256 Höhenmetern

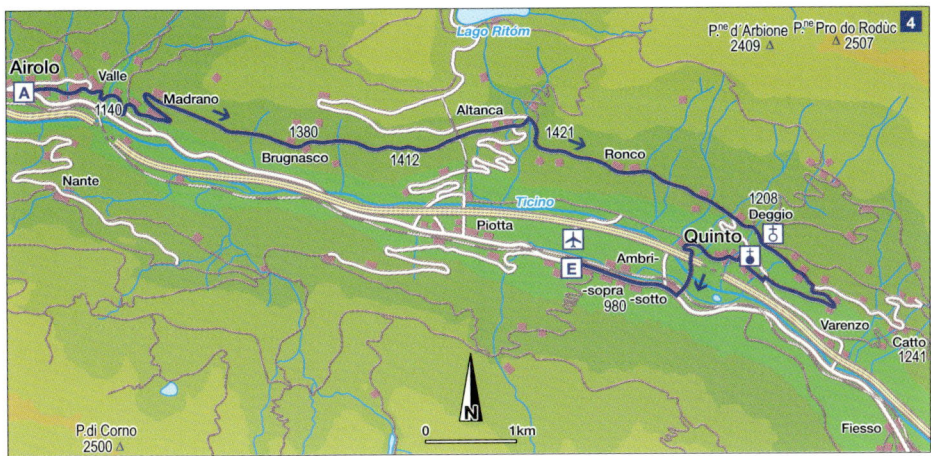

Bergauffahrt vorübergehend zu Ende. Dafür ist der Blick in die 400 m darunter gelegene *Leventina* oder auf die Berge südlich davon, wie den 2759 m hohen *Piz Massari*, gewaltig. Jetzt verstehen wir den Namen »Strada Alta« – Hohe Straße! Nach **Altanca** geht es erneut bergauf. Im Dorf wählen wir an der Gabelung die linke Auffahrt. In **Ronco** stehen alte Bruchstein- und Holzhäuser um das weiße Kirchlein. Dann geht es 160 m hinab in das malerische **Deggio**, das man schon von weitem sieht. Wir fahren links (Ww. »Catto-Lurengo«); die Steigung am Anfang ist nur kurz. Nach einem Taleinschnitt steht links die kleine Kapelle *S. Martino di Deggio* aus dem 10. Jh. – eine der ältesten Kirchen des Tessins. 500 m weiter zweigt nach rechts die Straße nach Quinto ab (kein Ww.). Auf steiler Straße (bis zu 12% Gefälle) gelangen wir stark bremsend nach **Quinto**, dessen hoher, romanischer Campanile das beherrschende Bild des Dorfes ist. Der sechsgeschossige Turm wird durch Arkadenfriese gegliedert. Tierdarstellungen im Innern stammen aus dem 12. Jh. (Schlüssel im Pfarramt). Wir wechseln zu guter Letzt die Talseite und fahren auf der Kantonsstraße rechts bis zur Stazione **Ambri-Piotta**.

Radverleih und Radtransport
Airolo: Stazione SBB, ✆ 8 69 14 39, Voranmeldung ratsam. *Faido*: Ente Turistico di Leventina, ✆ 8 66 16 16, organisiert auch Unterkunft und Rücktransport bei Gruppen.

Übernachtungen unterwegs
Airolo: Mehrere Hotels und Gasthöfe, z.B. Hotel Forni, ✆ 8 69 12 70. *Altanca*: Hotel Genzianza, ✆ 8 68 12 17.

Einkehrmöglichkeiten
Brugnasco: Raststätte. *Quinto*: Osteria degli Amici. *Ambri*: Pizzeria, Ristorante.

Auskunft
CH-6780 Airolo: Ente turistico, gegenüber Bhf., ✆ 8 69 15 33, Mo–Fr 9–11.30, 14–17.30 Uhr ganzjährig.

Kombinationen
Tour 4 läßt sich einbauen in die Tourenkette 3 bis 7. Tour 5 kann man bei Übernachtung in Altanca oder in Faido von hier aus beginnen.

Landkarten
LKS 1:50 000, Blatt-Nr. 266 T.

5 Val Leventina

Airolo – Piotta – Quinto – Varenzo –
Fiesso – Faido – Chiggiogna – Lavorgo
– Giornico – Bodio – Personico – Biasca

 Ausgangsort und Anfahrt
Airolo. Hierher mit SBB oder im Anschluß an Tour 3.

 Zielpunkt und Rückfahrt
Biasca, Stazione. Rückfahrt mit SBB oder Fortsetzung mit Tour 6 oder 7.

 Gesamttourenlänge
45 km. 43 km Asphalt, 2 km Schotter.

 Zeitbedarf
5 Std. Fahren, 2 Std. Besichtigen.

 Etappen
Airolo – Faido: 19 km; Faido – Giornico: 13 km; Giornico – Biasca: 13 km.

 Steigungen und Gefälle
22 Höhenmeter auf; 895 Höhenmeter ab.

 Geländestruktur
Tal des Ticino, das durch zwei Schluchten mit Steilstufen in drei Abschnitte geringeren Gefälles geteilt wird. Die Talhänge sind oft mit Felsen durchsetzt.

 Sehenswertes
Quinto: siehe Tour 4. *Faido*: Casa di Legno (16. Jh.); Varesi-Turm; S. Bernardino (13. Jh.). *Chiggiogna*: S. Maria Assunta (11./16. Jh.). *Giornico*: Atto-Turm; Casa Stanga (16. Jh.); Ticino-Brücke; S. Michele (1210); S. Nicola (1210, bedeutendster romanischer Bau des Tessins); S. Maria di Castello (12. Jh.). *Biasca*: siehe Tour 7.

 Zu beachten
Die Kantonsstraße besitzt nur teilweise Radspuren. Vorsicht bei den Kehren in den beiden Steilstufen!

 Variante
Hinter Fiesso-Rodi rechts ab nach Prato (Ww.) zur Pfarrkirche S. Giorgio (13./17. Jh.) mit stilreinem Campanile. (+ 1,5 km und 87 Höhenmeter auf und ab; Rückfahrt wie Hinfahrt.)

Das **Val Leventina** wird durch zwei Steilstufen mit cañonartigen Schluchten am Monte Piottino und an der Biaschina in drei Abschnitte unterteilt: die obere, mittlere und untere Leventina. Insgesamt fällt die Leventina von 1159 m in Airolo auf 300 m in Biasca ab. In den Steilstufen beträgt das Gefälle je 200 m, so daß in den drei Abschnitten die Höhenunterschiede nur mäßig sind: im oberen 200 m auf 12 km, im mittleren 150 m auf 6 km und im unteren 110 m auf 10 km.

Als Zugang zum Gotthardpaß wurde die Leventina seit dem 13. Jh. genutzt, zuerst für den Personen-, später vor allem für den Warentransport. 1517 schlugen die Urner einen Hohlweg in den Monte Piottino. Zwischen 1820 und 1830 entstand die erste Straße; 1882 wurde die Gotthardbahn eröffnet. Die Bahn nahm der Leventina die wirtschaftliche Grundlage: Poststationen zum Pferdewechsel und Gasthäuser gingen ein, der Ackerbau ging zurück. Mit der Fertigstellung der Autobahn 1986 wurde die Kantonsstraße vom Fern- und Schwerverkehr entlastet. Jetzt zwängen sich drei Verkehrsstränge durch das schmale Tal: Autobahn, zweigleisige Eisenbahn, Kantonsstraße. An den Steilstufen sind technische Meisterleistungen entstanden: Am Monte Piottino schraubt sich die Bahn in einer 280 °-Schleife in die Höhe; die Autobahn durchsticht in vier Tunneln den Steilhang oder steht auf Stelzen auf ihm. An der Biaschina gar vollführt die Bahntrasse zwei 360 °-Schleifen, die Autobahn steigt in einer riesigen Brückenkonstruktion in die Höhe; unter ihr zieht die Kantonsstraße ihre Spitzkehren, überbrückt die Bahn, und daneben schäumt der wilde Ticino. Wenn Sie hier mit dem Rad hinabfahren, sollten Sie an den Kehren einmal anhalten und die Konstruktionen bestaunen.

Im 1159 m hoch gelegenen Airolo beginnt die 45 km lange und 900 m abwärts führende Fahrt durch das Val Leventina.

Von **Airolo** rollen wir auf der Kantonsstraße, anfangs durch zwei Tunnel vorbei an der *Stavedro-Schlucht*, 5 km bis kurz vor **Piotto**, wo nach links eine neue Straße auf die andere Talseite führt (Ww. »Altanca«). Vor dem Wasserwerk der Ritom-Bahn fahren wir rechts und unmittelbar nach der Ticinobrücke, noch vor der Autobahnunterführung, links auf einen Wirtschaftsweg. Er führt 2 km zwischen Autobahn und Ticino nach *Quinto*; der Autolärm und das Rauschen des Ticino

stehen in Konkurrenz. Wir überqueren die Zufahrt zum Flugplatz, bleiben aber rechts vom *Ticino*. Dann radeln wir am Rand des Flugplatzendes zur Brücke. Sollte Flugbetrieb herrschen (Schranken geschlossen), müssen wir schon vorher rechts auf die Kantonsstraße. Nach der Brücke geht es hinauf nach **Quinto**. Hat man die Kirche *S. Pietro e Paolo* mit ihrem hohen Campanile aus dem 12. Jh. noch nicht anläßlich der Tour 4 bewundert, sollte man sich den kurzen Abstecher zu ihr gönnen.

gen Konstruktionen überwunden. Am eindrucksvollsten ist die Autobahnbrücke, die, auf hundert Meter hohen Pfeilern ruhend, in die Höhe steilt. Was die Autostrada in gerader Linienführung überwindet, muß die Bahn in zwei großen Schleifen an Höhe gewinnen – auch dies um 1880, als die Gotthardbahn gebaut wurde, eine enorme Leistung. Gottlob besitzt die alte Kantonsstraße, auf der wir abwärts rollen, mehrere Ausweichstellen, auf denen wir gefahrlos anhalten können. Für den Fotofreund bietet sich eine Fülle von Motiven, wie Brücken, Stützmauern, Schienen und Asphalt sich in mehreren Etagen übereinander türmen.

Auf den technischen Höhepunkt folgt der historische. In **Giornico** warten vier Sehenswürdigkeiten auf uns: Links des Ticino stehen der *Atto-Turm* und die *Casa Stanga* aus dem 16. Jh. Die Nord- und Ostfassaden der Casa schmücken über 50 Wappen. Hier befindet sich auch das *Museo di Leventina*. Um die rechts des Flusses liegenden Kirchen zu besuchen, müssen wir etwas zurückfahren und dann über die alte Steinbrücke auf die andere Talseite wechseln. Noch vor der Bahn steht links *S. Nicola* aus dem 13. Jh. Die einschiffige romanische Kirche mit lombardischem Fries, Presbyterium, Apsis und Campanile stellt den bedeutendsten romanischen Bau des gesamten Ticino dar. Betritt man die Kirche, scheint man zunächst von völliger Dunkelheit umhüllt. Mit der Zeit erkennt man in dem spärlichen Licht, das vier schmale Fenster im Schiff und drei im Chor spenden, die Umrisse. Fasziniert entdeckt man, daß unter Chor und Apsis eine offene Krypta mit reich verzierten Kapitellen steht, die Tierskulpturen enthalten.

Jenseits der Bahn ragt auf einem Felsen *S. Maria di Castello*, etwas älter als S. Nicola, nämlich aus dem 12. Jh. Die kleine Ap-

Die Casa di Legno und die Kapelle S. Bernardino in Faido wurden im 16. bzw. 13. Jh. errichtet.

Dann geht es auf schmaler Straße hinunter an die Autobahn und nach **Varenzo** auf Brücken zurück zur Kantonsstraße. Auf ihr rollen wir über **Fiesso** und durch die *Piottino-Schlucht* bis **Faido**. Links am Straßenrand steht das dunkelbraune Holzhaus *Casa di Legno* und gleich hinter ihm die Kapelle *S. Bernardino* aus dem 13. Jh. In **Chiggiogna** und **Lavorgo** kann man links die Ortsdurchfahrt wählen. 2 km nach Lavorgo gelangen wir an den technischen Höhepunkt unserer Tour: die Bewältigung der Steilstufe von **Biaschina** durch Kantonsstraße, Eisenbahn und Autostrada. Die 180 m Höhenunterschied zwischen dem mittleren und dem unteren Drittel der *Leventina* werden von den Verkehrsträgern in gewalti-

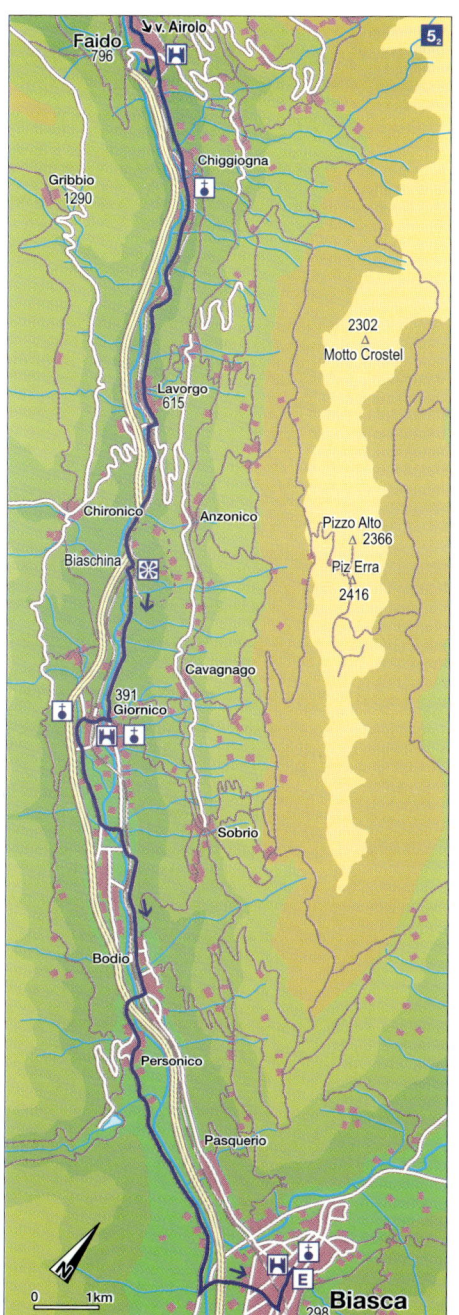

sis ist an die Nordostecke angefügt. Neben ihr und dem Campanile liegen die Ruinen einer 1518 von den Urnern geschleiften mailändischen Burg. Von dem Kirchfelsen schieben wir die Räder noch ein kurzes Stück bergauf, um dann links auf einer kleinen Asphaltstraße zwei Kilometer bergab zu rollen. Vor den *Lonza*-Aluwerken fahren wir links und kommen nach Überquerung des Ticino wieder auf die alte Kantonsstraße. Auf ihr fahren wir bis **Bodio** und dann wieder rechts über den Fluß durch **Personico** und weitere 4 km, bis links zurück eine Brücke uns nach **Biasca** bringt.

Radverleih und Radtransport

Siehe Tour 4. *Biasca*: Stazione SBB/FFS, ☎ 8 62 11 41.

Übernachtungen unterwegs

Faido: 4 Hotels, z.B. Albergo Faido, ☎ 8 66 15 55; Pedrinis, ☎ 8 66 12 41; Ostello del Cappucini, ☎ 8 66 26 25. *Bodio*: Ostello Sassi Grossi, ☎ 8 64 27 47. *Biasca*: 8 Hotels, z.B. Hotel-Rist. Lucernese, ☎ 8 62 24 65; Hotel della Posta, ☎ 8 62 21 21; Ostello Comunale (Herberge), ☎ 8 62 33 27.

Einkehrmöglichkeiten

Wie oben bei »Übernachtungen«.

Öffnungszeiten

Giornico: Museo di Leventina, Ostermontag bis 31.Okt., Sa./So. 14.30 – 18 Uhr. *Biasca*: Casa Cavalier Pellanda, Mi – Fr 17.30 – 21.30 Uhr, So 14 – 18 Uhr.

Auskunft

CH-6760 Faido: Ente Turistico di Leventina, Casa Daraini 2, ☎ 8 66 16 16, Mo – Fr 8 – 12, 14 – 18 Uhr.

Kombinationen

Mit der Tourenkette 5 – 7 – 16 – 10 gelangt man vom Gotthard an den Lago Maggiore.

Landkarten

LKS 1:50 000, Blatt-Nr.266 T.

6 Val di Blenio: uralte Dörfer am Brenno

Olivone – Aquila – Grumarone –
Ponto Valentino – Castro – Prugiasco –
Acqua-rossa – Dongio – Motto –
Ludiano – Semione – Biasca

Ausgangsort und Anfahrt
Olivone, Kirche S. Martino. Hierher mit eigenem PKW oder Radtransport von Biasca aus.

Zielpunkt und Rückfahrt
Biasca, Stazione. Rückfahrt mit Bus (ab Biasca 12.05, 14.05, 15.05 Uhr).

Gesamttourenlänge
27 km. 25 km Asphalt, 2 km Schotter.

Zeitbedarf
3 Std. Fahren, 1 Std. Besichtigen.

Etappen
Olivone – Acquarossa: 12 km; Acquarossa – Biasca: 15 km.

Steigungen und Gefälle
56 Höhenmeter auf; 634 Höhenmeter ab.

Geländestruktur
Trogtal mit größtenteils breiterer Talsohle. Die linke (östliche) Talseite besitzt schroffe Felsabstürze, die rechte ist sanfter und bis 1600 m mit kleinen Straßen erschlossen.

Sehenswertes
Olivone: S. Martino (12./15./17. Jh.); ehem. Pfrundhaus Cà da Rivi (Museum). *Aquila*: S. Vittore Mauro (1733, Campanile 1641). *Grumarone*: Kapelle S. Anna (17. Jh.). *Castro*: Casa dei Landvogti. *Acquarossa*: Kurhaus des ehem. Thermalbades; Kapelle S. Remigio (11. Jh.). *Motto*: S. Pietro mit Christophorus-Fresko. *Semione*: S. Maria Assunta (Turm 11. Jh.). *Biasca*: siehe Tour 7.

Zu beachten
Kurvenreiche, z.T. steile Abfahrten vor Aquila, nach Traversa, nach Prugiasco und in Semione.

Variante
Wer das Rad mit dem eigenen PKW nach Olivone bringt, sollte bei der Auffahrt an der östlichen Talseite Malvaglia (S. Martino, 13. Jh.), Lottigna (Casa dei Landvogti; S. Pietro e Paolo, 13. Jh.) und Torre (Campanile, 12. Jh.) besuchen.

Das **Val di Blenio**, am Fuße des Lukmanierpasses gelegen, ist sehr altes Siedlungsgebiet. Während die Römer den Gotthardpaß wegen der Schöllenenschlucht nicht benutzen konnten, gelangten sie über den Passo del Lucomagno in das Vorderrheintal und von hier nach Brigantium (Bregenz). Schon vor den Römern siedelten hier Lepontier, Kelten und Rätier. Im 5. Jh. wurde das Tal von Mailand aus christianisiert. Die deutschen Kaiser Konrad III. und Friedrich I. sicherten das Tal durch reichstreue Herrschaften, und Barbarossa selbst weilte in Serravalle. Seit der Öffnung des Gotthards entwickelte sich Biasca am Schnittpunkt von Gotthard und Lukmanier wirtschaftlich, wobei Felsstürze und die Pest Rückschläge brachten. Die alte Besiedlung bewirkt, daß wir auf unserer Talfahrt zahlreiche Campanili aus dem 11. bis 13. Jh. und alte Holz- und Steinhäuser in fast jedem Dorf antreffen.
Das knapp 30 km lange Trogtal ist breit genug, daß wir unsere Route für 21 km auf die rechte (westliche) Talseite verlegen und damit während über zwei Drittel der Strecke dem Fernverkehr entgehen können. Nachdem wir in **Olivone** am Fuße der 2220 m hohen Pyramide des *Sosto* die Pfarrkirche *S. Martino* und die gegenüberliegende *Cà da Rivi* mit ihrer Holzgalerie (Museo) besucht haben, rollen wir auf der Hauptstraße in 10 Min. hinunter nach **Aquila**. Hier fällt an den alten Häusern die Mischbauweise auf: Küche aus Stein, Wohnteil aus Holz. In der Pfarrkirche *S. Vittore Mauro* sieht man Gemälde aus dem 16. Jh. Hinter Aquila verlassen wir die Hauptstraße nach rechts

In Dongio im unteren Val di Blenio blühen schon im März die Magnolienbäume.

(Ww. »Ponto Valentino«) über **Grumarone** an die westliche Talseite. Wir fahren 2 km eben am Hang, während sich die Talsohle des *Brenno* um 100 m absenkt. Erst nachdem wir das malerische **Ponto Valentino** durchfahren haben, beginnt ab **Traversa** eine steile Abfahrt über **Castro** und **Prugiasco**, bis wir das anfangs tief unter uns liegende Tal in **Acquarossa** wieder erreichen.

Hier würden wir erneut auf die Fernstraße gelangen, so daß es ratsam ist, die kleine Straße 200 m vor der Einmündung rechts zu benutzen. Es lohnt sich aber, die Räder am Abzweig kurz stehen zu lassen und bis vor an die Autostraße zu laufen, um von dort aus das weinrot gestrichene alte Kurhaus *Terme* am gegenüberliegenden Hang stehen zu sehen. Auf unserer kleinen Straße kommen wir bei Pkt. 499 der LKS endgültig auf die Fernstraße, bleiben aber nur einen reichlichen Kilometer auf ihr. Dann zweigt nämlich in **Dongio** zwischen alten Bruchsteinhäusern rechts ein Wanderweg ab, der uns für 2 km parallel zur Straße weg vom Verkehr bis **Motto** bringt.

Kaum sind wir auf die Lukmanierstraße gelangt, zweigt bei der Dorfkirche eine Nebenstraße rechts ab (Ww. »Semione«). Kurz hinter der Brücke über den Brenno steht auf einem kleinen Hügel die alte romanische Kapelle *S. Pietro* mit Apsis und einem Christophorus-Fresko an der Südseite. Hier führt nach links ein asphaltierter Wanderweg zwischen Kapelle und einem Turm nach **Ludiano**. Vom Dorf an benutzen wir wieder die Hauptstraße, um

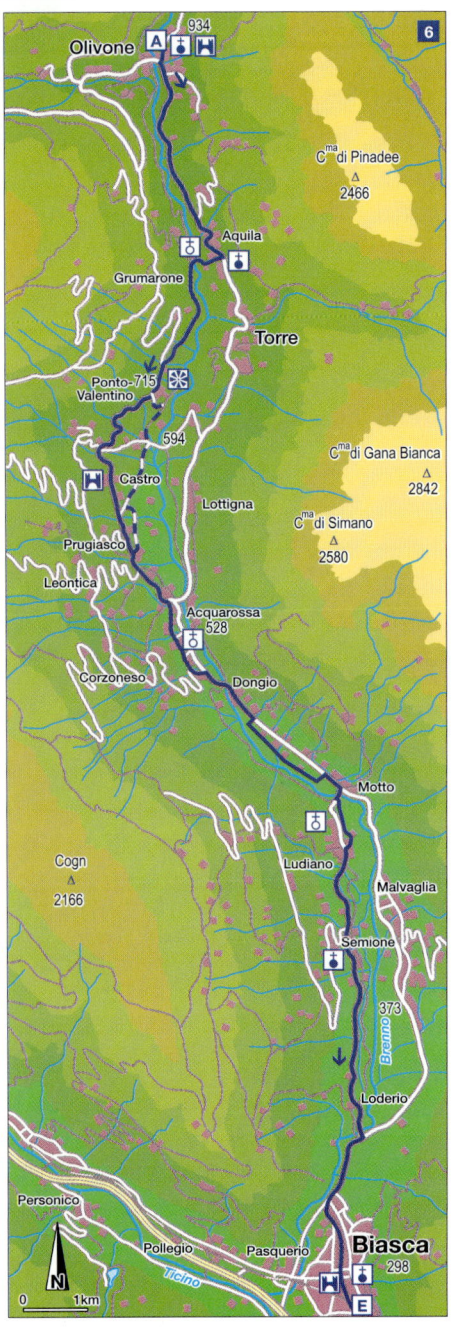

nach **Semione** zu gelangen. Etwas oberhalb der Straße (Abzweig rechts am Ortsbeginn) steht die Kirche *S. Maria Assunta*, deren Turm aus dem 11. Jh. stammt. Vor ihr befindet sich rechts ein kleines Museo; den Schlüssel dazu erhält man im Ristorante.

Zum Schluß radeln wir am Fuß des Westhangs im Tal noch 3 km. Hinter **Loderio**, dem letzten Dorf unserer Route, überqueren wir den Brenno, bleiben 1 km lang auf der Fernstraße, bis uns die links abzweigende *Via Parallela* direkt zum Bahnhof von **Biasca** bringt.

Radverleih und Radtransport
SBB-Stazione *Biasca*, ℰ 8 62 11 41. Radtransport mit der privaten »Autolinee Bleniesi«, ℰ 8 72 31 72, in der Regel nicht möglich, nur in Ausnahmefällen bei leeren Bussen und maximal 2 Personen.

Übernachtungen unterwegs
Acquarossa: Albergo und Rist. Simano (an der Einmündung in die Fernstraße). *Biasca*: 8 Hotels, z.B. Hotel-Rist. Lucernese, ℰ 8 62 24 65, Hotel della Posta, ℰ 8 62 21 21, Ostello Comunale, ℰ 8 62 33 27 (Herberge).

Einkehrmöglichkeiten
Prugiasco: Osteria Frusetta. *Acquarossa*: Rist. Stazione.

Öffnungszeiten
Olivone, Museo di S. Martino und *Lottigna*, hist. Museum: beide von Ostern bis 01.11., Di – So 14 – 17. *Semione*: Museo an der Chiesa S. Maria Assunta, Schlüssel im Ristorante.

Auskunft
CH-6716 Acquarossa: Ente Turistico Valle di Blenio, ℰ 8 78 17 65, Mo – Fr 8.30 – 11.30, 14 – 17 Uhr. Biasca: siehe Tour 7.

Kombinationen
Einbau in die Tourenkette 3 bis 7.

Landkarten
LKS 1:50 000, Blatt-Nr. 266 T.

7 Riviera, das breite Schwemmland des Ticino

Biasca – Iragna – Lodrino – Prosito –
Moleno – Gnosca – Gorduno – Carasso
– Bellinzona

 Ausgangsort und Anfahrt
Biasca. Hierher mit SBB oder im Anschluß an Tour 5 oder 6.

 Zielpunkt und Rückfahrt
Bellinzona, Stazione. Rückkehr mit SBB.

 Gesamttourenlänge
26 km. 26 km Asphalt, 300 m Schotter.

 Zeitbedarf
3 Std. Fahren, 1 Std. Besichtigen.

 Etappen
Biasca – Moleno: 14 km; Moleno – Bellinzona: 12 km.

 Steigungen und Gefälle
70 Höhenmeter auf; 115 Höhenmeter ab.

 Geländestruktur
Breite, ebene Talsohle, die mit Kulturland und am Fluß mit Wald besetzt ist. Die Route führt entlang der verkehrsarmen, rechten (westlichen) Talseite. Die Berge beidseits des Ticino erreichen, oft in felsigen Steilwänden, noch 2400 m.

 Sehenswertes
Biasca: Casa Pellanda (1586); S. Pietro e Paolo (11. Jh., bedeutende Fresken, 25 m über der Stadt gelegen). *Moleno*: S. Vittore Mauro (16. Jh.); in *Preonzo* Häuser mit Außentreppen und Außenfresken (15./16. Jh.). *Gnosca*: roman. Kirchenruine mit modernen Ergänzungen. *Gorduno*: S. Rocco e Sebastiano (16. Jh.). *Bellinzona*: siehe Tour 16.

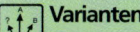 **Varianten**
Fahrt auf der linken (östlichen) Talseite, größtenteils auf der verkehrsreicheren Kantonsstraße, wobei in Osogno die Kapelle S. Maria del Castello, 130 m über dem Dorf, mit einem schwäbischen Flügelaltar, besucht werden kann. Bei Lodrino, Claro und Gorduno können die Talseiten gewechselt werden.

Iragna besitzt am Ortsanfang neben alten Häusern auch einen kleinen Palazzo.

Mit dem nur noch 300 m hoch gelegenen Biasca öffnet sich das *Tal des Ticino* nach Süden: Die Vegetation ist schon leicht mediterran, Palmen stehen in den Gärten und Anlagen, die Sonne scheint in das nach Südsüdost verlaufende Tal vor allem vormittags und mittags. »Riviera« bedeutet »Gestade«, und in der Tat mutet das breite Schwemmland beidseits des schon kräftigen Ticino wie ein Gestade an. Allerdings haben sich die Dörfer nach verheerenden Überschwemmungen infolge eines Bergsturzes im Jahre 1512 vorwiegend auf den Schwemmkegeln der in cañonartigen Schluchten zu Tal stürzenden Seitenbäche niedergelassen.
Mit 26 km Tourenlänge ist unsere Fahrt ein Halbtagsunternehmen. So bedeutet es keinen Zeitverlust, nach dem Frühstück das »städtische Dorf« **Biasca** zu besichti-

Das Fahren auf den autofreien, asphaltierten Wirtschaftswegen zwischen Iragna und Prosito stellt echtes Genußradeln dar.

gen. Es besitzt wenig alte Bausubstanz; dafür ist die über dem Ort gelegene Propsteikirche *S. Pietro e Paolo* aus dem späten 11. Jh. ein Bau voller Kostbarkeiten: dreischiffige Stufenhalle, Fresken, lombardischer Fries, toskanische Vorhalle vor dem romanischen Bauwerk, Campanile (Schlüssel am Pfarrhaus unterhalb der Kirche). Die Parochialkirche im Zentrum besitzt ein Oktagon mit lombardischen Arkaden, ist aber neueren Datums. Dagegen lohnt es, im Zentrum einen Blick auf die *Casa Pellanda* zu werfen.

Vom Zentrum fahren wir die *Via Verbano* nach Westen, überqueren die Autostraße (Ampel) und biegen dann an der zweiten Kreuzung links in die *Via Borromiesi*. Nach Unterquerung der Bahn radeln wir an der zweiten Kreuzung rechts auf der *Via Iragna* unter der Autobahn, über den *Ticino* und danach links (Ww.

»Bellinzona«). Linker Hand begleiten große Granitbrüche unsere Fahrtroute. Nach 2 km zweigt am Ortsanfang von **Iragna** nach links ein asphaltierter Wirtschaftsweg ab, der bis **Lodrino** 4 km parallel zur Autostraße verläuft: ungestörtes Genußradeln! In Lodrino müssen wir wegen der Brücke wieder kurz auf die Straße, können sie aber gleich danach links wieder verlassen und nochmals 3 km auf autofreiem Asphalt rollen. Zwischen **Prosito** und **Moleno** müssen wir 1 km lang nochmals auf die Straße, ehe halbrechts die Zufahrt in den Ortskern von Moleno abzweigt. Hier steht die *Chiesa S. Vittore Mauro* mit Außenfresken, die Christophorus und den heiligen Georg darstellen.

100 m nach der Rückkehr auf die Autostraße kann man nochmals links für einen Kilometer einen stillen Asphaltweg benut-

zen. Dann müssen wir endgültig mit der Autostraße vorliebnehmen, auch in **Gnosca**. Am Ende des Dorfes steht rechts eine romanische Kirchenruine, die recht fotogen wirkt.

Auf Gnosca folgt **Gorduno**, wo es ausnahmsweise einmal ein längeres Stück bergauf geht. An der Straßengabelung fahren wir rechts (Ww. »Locarno«) und 100 m nach der Brücke bei der Haus-Nr. 22 links auf eine abwärts führende Nebenstraße. Sie endet nach 1 km wieder auf der Autostraße, auf der wir in **Carasso** nach links den *Ticino* überqueren. Wir erreichen **Bellinzona**, fahren am Stadtrand rechts–links und gelangen so ohne nennenswerte Verkehrsprobleme ins Zentrum. Am Nachmittag haben wir noch genügend Zeit, die alte Stadt mit ihren drei großen Festungen, den Plätzen, Arkaden und dem Innenhof des *Palazzo Communale* zu besichtigen.

Radverleih
SBB-Stazione *Biasca*, ℰ 8 62 11 41; SBB Bellinzona, ℰ 8 21 72 44.

Übernachtungen unterwegs
Gorduno: Alb. Rist. Aurora. *Carasso*: Rist. Grotto. *Bellinzona*: Associazione Ticinese alloggi per giovani (Verband der Jugend-Unterkünfte), ℰ 8 25 21 31; 9 Hotels (siehe Tour 16).

Einkehrmöglichkeiten
Gnosca: Rist. Orello. *Gorduno* und *Carasso*: s.o.

Öffnungszeiten
Biasca: siehe Tour 5; Schlüssel für S. Pietro e Paolo an der Tür des Pfarrhauses gegenüber der Pfarrkirche S. Carlo. *Bellinzona*: siehe Tour 14.

Auskunft
CH-6500 Bellinzona, Ente Ticinese per il turismo, Palazzo Communale, ℰ 8 25 21 31, Mo – Fr 8 – 12, 13.30 – 18.30, Sa 9 – 12 (Sommer 8 – 18.30) Uhr. CH-6710 Biasca, Ente turistico, Contrada Cav. Pellanda 4, ℰ 8 62 33 27, Mo – Fr 8.30 – 12, 14 – 18, (Mai – Okt. auch Sa 8.30 – 11.30) Uhr.

Kombinationen
Fortsetzung der Tourenkette 3 bis 7 mit Tour 16.

Landkarten
LKS 1:50 000, Blatt-Nrn. 266T, 267.

8

8 Centovalli, das urigste Tal des Tessins

Càmedo – Corcapolo – Intragna – Cavigliano – Verscio – Tegna – Ponte Brolla

 Ausgangsort und Anfahrt
Càmedo. Anfahrt von Locarno, FART (unterirdisch) bei der Stazione, ab 10.10 Uhr, an 10.48 Uhr. In Càmedo Fahrradvermietung durch FART.

 Zielpunkt
Ponte Brolla. Von da mit FART-Bahn bis Locarno.

 Gesamttourenlänge
15 km. Alles Asphalt.

Zeitbedarf
1 bis 2 Std. Fahren, 1 bis 2 Std. Besichtigen.

 Etappen
Càmedo – Corcapolo: 7 km; Corcapolo – Ponte Brolla: 8 km.

 Steigungen und Gefälle
25 Höhenmeter auf; 295 Höhenmeter ab.

Geländestruktur
Wilde, tief eingeschnittene Erosionsschlucht, über die sich am Nordhang Straße und Bahn in endlosen Kurven und Tunnel entlangziehen.

Sehenswertes
Intragna: 1 km talauwärts und 90 m unterhalb der Straße (Fußweg) mittelalterliche Steinbogenbrücke; Piazza; S. Gottardo (18. Jh.). *Verscio*: Casa Leoni (17. Jh.), S. Fidele (12./18. Jh.).

Zu beachten
Von Stazione Verdasia bis Cavigliano steiles Gefälle bei zahlreichen Kurven.

Varianten
Von Càmedo (549 m) zuerst über den schweiz./ital. Zoll talauwärts bis Isella (612 m) oder bis Re (710 m) und von da mit der Abfahrt beginnen, obwohl es die FART-Bahn nicht gern sieht, wenn man ihre Räder auch nur kurzfristig nach Italien bringt.

Centovalli – hundert Täler! Das betrifft die vielen Seitentäler, die meist als enge Schluchten in die Melezza münden. Ich habe siebzig gezählt, andere Reiseführer behaupten, es seien über hundertfünfzig. Sie dürfen sich gerne am Täler-Zählwett-

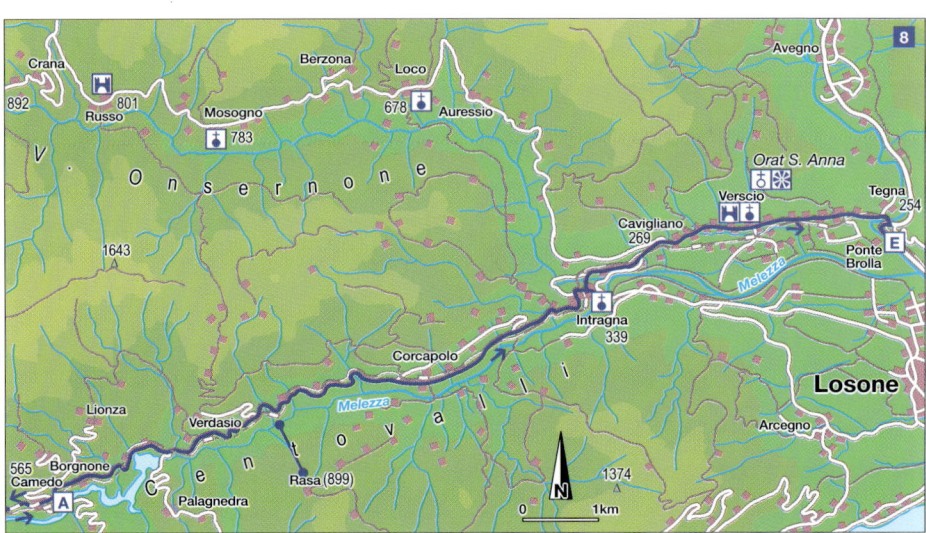

bewerb beteiligen! Die Melezza selbst sieht man von Straße und Bahn aus nur selten; so tief hat sich der Fluß, der das Centovalli durchströmt, im Laufe der Zeit in die Paragneise, die aus weichen Sedimenten entstanden, eingefressen. Begünstigt wurde diese gewaltige Erosion durch die sog. »insubrische Linie«, eine der Hauptstörungszonen der Alpen. Hier nennen sie die Geologen direkt »Simplon-Centovalli-Störung«.

Eine solche von wilden Wassern durchschäumte Schlucht entzog sich seit jeher der Besiedlung. Aber die Not zwang schon im 13. Jh. Siedler, wenigstens auf den flachen Höhen bis über 1000 m hinauf Rodungsinseln für Dörfer anzulegen: Verdasio, Lionza, Costa, Olga auf der Nord- sowie Palagnedra und Rasa auf der Südseite. Nach dem 16. Jh. kehrte sich die Besiedlung um: Erbteilung, kaum noch ausreichende Selbstversorgung, Landflucht und aufkommende Industrialisierung – all dies führte zu Auswanderungen.

Ende des 19. Jh. wurde mit dem Straßenbau begonnen, um die hochliegenden Dörfer an das Straßennetz anzuschließen. Das Dorf *Rasa* liegt dabei so unzugänglich, daß es bis heute keinen Straßenanschluß erhalten konnte. Nach dem Zweiten Weltkrieg wurde von *Bordei* ein Transportlift bis etwas unterhalb von Rasa erstellt; heute fährt eine Seilbahn täglich nach Bedarf auf den 500 m über der Talsohle gelegenen Ort, so daß die Bewohner nunmehr auch im Winter mit der Außenwelt verbunden sind. Eine technische Meisterleistung stellte der Bau der Centovalli-Bahn in der Zeit des Ersten Weltkrieges dar. In zehnjähriger Bauzeit wurde über den Paßscheitel bei Druogno mit 24 Tunneln und 79 Brücken schließlich die Verbindung zur Simplonstrecke hergestellt.

Die Casa Leoni in Verscio wirkt mit ihren zweigeschossigen Arkaden im Innern wie ein ländlicher Palazzo.

Auf unserer Tour benutzen wir beides: die Bahn zur Anfahrt, die Straße zur Abfahrt. Das eigene Rad kann man nicht mit der Privatbahn FART befördern; man muß schon die FART-eigenen Räder mieten. Sie werden in der Saison nach Vorbestellung im Locarnoer FART-Büro (s.u. »Radver-leih«) im Schweizer Grenzort Càmedo entliehen und sind in Ponte Brolla bis 15 Uhr wieder abzugeben. Man kann aber von **Locarno** aus mit der FART-Bahn anreisen und auch wieder dorthin zurück-kehren. Belegen Sie dabei Plätze auf der Südseite, um den Tiefenblick in die Schluchten schon vom Panoramazug aus genießen zu können.

Zunächst hat man sich auf die Abfahrt et-was zu früh gefreut, denn die erste Vier-telstunde muß man treten oder schieben: vom Bahnhof **Càmedo** zur Straße oh-nehin, aber auch einen reichlichen Kilo-meter auf der Straße. Erst vor der Einbie-gung in eine Seitenschlucht beginnt das große Rollenlassen. Die Fahrt ist bis **Intra-gna** nicht zu verfehlen: Wir bleiben im-mer auf der Straße. Für die 15 km Abfahrt stehen uns maximal 4 Stunden zur Verfü-gung; da können wir uns unterwegs nicht nur eine ausgiebige Mittagspause, son-dern auch Schaupausen gönnen. Immer wieder eröffnen sich uns von der Straße aus atemberaubende Tiefblicke in die Schlucht, in der die *Melezza* schäumt. Außerdem lohnt es sich, 1 km vor Intra-gna auf einem Fußweg 90 m in die Schlucht abzusteigen, um dort die mittel-alterliche Steinbogenbrücke *Ponte Romana* zu betrachten (Ww., + 1 Std.). In **Intragna** folgen wir den Straßen-Ww. »Locarno« und rollen über **Cavigliano** nach **Verscio**, wo außer der *Chiesa S. Fi-dele* die aus dem 17. Jh. stammende *Ca-sa Leoni* sehenswert ist. Die Barockkirche enthält im Chor und Teilen des Schiffes noch Reste des Vorgängerbaus aus dem 12. Jh. Der Palazzo Leoni liegt in einer aufsteigenden Gasse nördlich der *Piazza*. Das an der Straße stehende Haus besitzt im Innenhof eine zweigeschossige Arka-denfront; im Erdgeschoß befindet sich ein schönes, schmiedeeisernes Tor (vgl. Tour 9).

Überhaupt besitzt Verscio schöne alte Winkel und eine Piazza mit Brunnen und einem bemalten Portal an der Ostseite. Man spürt noch heute, daß Verscio im Mittelalter weltliches und geistliches Zen-trum des *Pedemonte*, der fruchtbaren Landschaft zwischen Locarno und Intra-gna, war.

Über **Tegna** gelangen wir nach **Ponte Brolla**, wo das Valle Maggia endet und der Fluß nach einer Schlucht in das Pede-monte eintritt. Bei der FART-Station müs-sen wir die Räder bis 15 Uhr wieder abge-ben. In der Regel ist niemand zum Emp-fang der *biciclette* da, die wir daher in den bereitgestellten Güterwagen schie-ben (Radsymbole!).

Radverleih und Radtransport
Vermietung ab *Càmedo* und Rückgabe in *Ponte Brolla*. Bei Hochbetrieb Vorbestellung durch das Büro Viaggi FART SA, Locarno, Piazza Gran-de 18, ☎ 7 51 87 31. Eigene Räder können nicht transportiert werden. Ab Locarno gegen 10 Uhr.

Übernachtungen unterwegs
Intragna: 4 Hotels, z.B. Antico Ristorante, ☎ 7 96 11 07; Intragna garni, ☎ 7 96 10 77. *Cavigli-ano*: Casa Solidarietà, ☎ 7 96 11 15. *Tegna* und *Ponte Brolla*: 6 Alberghi.

Einkehrmöglichkeiten
Corcapolo: Osteria Salmina. *Intragna*: Rist. del Campanile und 6 weitere Ristoranti. *Cavigliano*: Bellavista und 4 weitere Ristoranti. *Ponte Brolla*: Rist. Mamma Mia; Alla Cantina Rist., Specialatá nostrane (auch Fremdenzimmer).

Auskunft
CH-6600 Locarno, Viaggi FART SA, s.o. »Radverleih«.

Kombinationen
Wenn man in Intragna oder Cavigliano Quar-tier findet und zuvor das eigene Rad dort deponiert hat, kann man von Cavigliano aus Tour 9 starten.

Landkarten
LKS 1:50 000, Blatt-Nr. 276 (Bei Variante auch Nrn. 275, 285).

9 Literatur hoch über der Isorno-Schlucht

(Crana) – Russo – Mosogno – Loco – Auressio – Cavigliano – Verscio – Tegna – Ponte Brolla

 Ausgangsort und Anfahrt
Russo. Hierher Radtransport mit dem eigenen PKW.

 Zielpunkt und Rückfahrt
Ponte Brolla. Rückkehr zum Auto mit Postbus ab Ponte Brolla, Stazione gegen 14 oder 18 Uhr.

 Gesamttourenlänge
18 km. Alles Asphalt.

 Zeitbedarf
2 Std. Fahren, 2 Std. Besichtigen.

 Etappen
Russo – Loco: 6 km; Loco – Ponte Brolla: 12 km.

 Steigungen und Gefälle
40 Höhenmeter auf; 590 Höhenmeter ab, verteilt auf 4 Etappen, dazwischen auch längere, fast ebene Abschnitte.

 Geländestruktur
Fahrt am linken (Sonnen-)Hang hoch über der Isorno-Schlucht, dabei 6 Seitentäler querend.

 Sehenswertes
Russo: Piazza; Palazzo Moschini (heute Post); S. Maria Assunta (14. Jh.). *Mosogno*: S. Bernardo (16./19. Jh). *Loco*: S. Remigio (16. Jh.). *Auressio*: Waldgelände »Wissenskosmos« von Armand Schulthess. *Verscio*: Siehe Tour 8.

 Zu beachten
Bei der Abfahrt in den zahlreichen Kurven vorsichtig fahren, besonders bei Autoverkehr.

Das **Val Onsernone** besitzt eine ähnliche Struktur wie die Centovalli, nur daß die Straße nicht 200, sondern 300 m über der Schlucht verläuft. In dieser fließt der *Isorno*, den wir in der Regel gar nicht sehen,

nur ahnen können. Das »Tal oberhalb des Isorno« wurde wegen seiner Ursprünglichkeit von einigen prominenten Literaten zu vorübergehenden Wohnsitzen gewählt. In **Berzona**, das wir zwar nicht direkt durchfahren, da es 100 m oberhalb der Straße liegt, zu dem man aber 1 km hinter Loco abzweigen kann, lebten Golo Mann, Alfred Andersch und Max Frisch. Letzterer half von hier aus mit, als 1991 sein Roman »Der Mensch erscheint im Holozän« verfilmt wurde. Diesem Roman diente der Berner Bundesbeamte Armand Schulthess als Vorlage, welcher als Pensionär am Rande von **Auressio** ein 18 000 m² großes Waldgelände in einen »Wissenskosmos« verwandelte. Durch Anbringung von Tafeln und Tabellen gestaltete er den Wald zu einem lebendigen Anschauungsunterricht. Wenn wir heute daheim »vogel- und pflanzenkundliche Lehrpfade« haben, so geht diese Idee auf Schulthess zurück. Auch Ignazio Silone, von dem der Satz stamm: »Freiheit ist das Recht, nein sagen zu können«, lebte eine Zeitlang im Onsernone.

Um das Tal mit dem Rad abfahren zu können, wählen wir die gleiche Strategie wie beim Valle Maggia und beim Val Verzasca: Wir bringen die Räder mit dem Auto an den Ausgangspunkt, rollen das Tal fast 600 Höhenmeter hinab und kehren am Nachmittag mit dem Postbus zum Auto zurück. Als Ausgangspunkt bietet sich das 800 m hoch gelegene **Russo** an. Schon die Auffahrt mit dem Auto läßt uns staunen: An steilen Wänden entlang, über tiefe Schluchten, auf Viadukten und in endlosen Kurven schraubt sich die Straße in die Höhe. Die Dörfer sind von einem malerischen Anblick ohnegleichen: Bruchsteinhäuser, Galerien, Arkaden und ungeachtet der Höhe bis zu 600 Jahre alte Kirchen mit stolzen Campanili. Es wird empfohlen, mit dem Auto noch über Russo hinaus zum hundert Meter höher gelegenen **Crana** zu fahren, von wo man einen großartigen Überblick über das gesamte Tal hat. Wir sollten aber mit dem Auto wieder hinunter nach Russo fahren und erst hier die Räder ausladen, denn die steile Straße mit ihren acht Kehren würde die Bremsen des Rades arg strapazieren.

Die Steilhänge des Val Onsernone zwingen zu verschachtelten Treppenanlagen, wie hier vor dem Palazzo Moschini in Russo.

In **Russo** ist das Dorfbild am *Palazzo Moschini*, in dem sich heute die Post befindet, am schönsten. Im Hintergrund steht die aus dem 14. Jh. stammende *S. Maria Assunta*. Nachdem wir unsere Fotos geschossen haben, beginnt die Ab-

Loco mit seinem Museo Onsernonese bildet den zentralen Ort des wilden Tals.

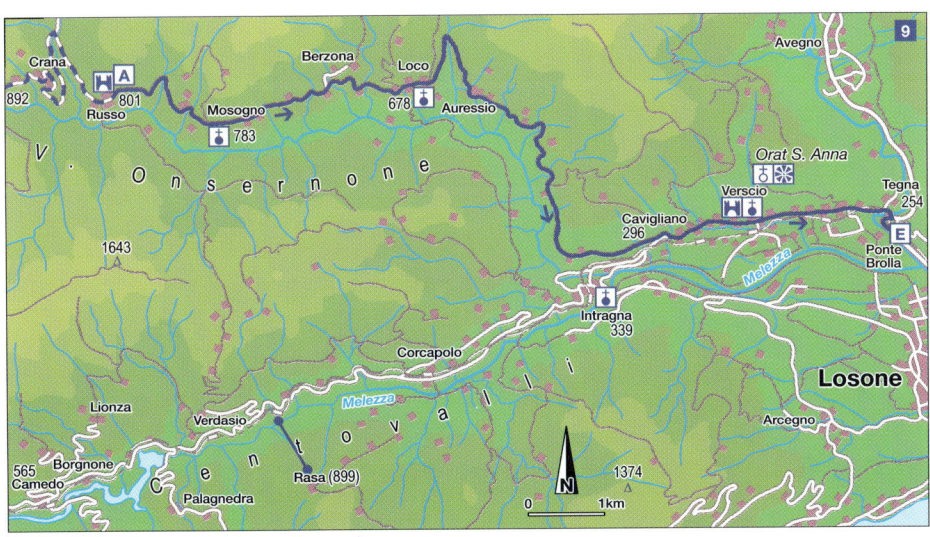

fahrt. Allerdings rollen wir nur bis zu einer von links kommenden Schlucht. Danach geht es überraschenderweise noch einmal 40 Höhenmeter hinauf. Zur Beruhigung: Es ist die einzige Steigung des Tages. Dann rollen wir über **Mosogno** nach **Loco**. Hier sollten wir die Räder abstellen und das *Museo* besuchen. Neben historischen Exponaten ist die erste Etage dem Schicksal des Onsernone-Tales gewidmet: Armut zwang im 16. Jh. viele, vor allem jüngere Leute zur Auswanderung nach Westeuropa. Aus Flandern zurückgekehrte Auswanderer brachten im 16. Jh. die Kunstfertigkeit des Strohflechtens ins Tal. Dies bescherte den Bewohnern bis ins 19. Jh. einen gewissen Wohlstand. Freilich, die Arbeit war hart: Die Kinder halfen vom fünften Lebensjahr an beim Flechten, und die Frauen flochten nahezu Tag und Nacht. Von Bonstetten berichtet 1795 davon: »Die Weiber flechten, wenn sie stehen, gehen und sitzen, sie flechten in der Gerichtsstube ..., sie sollen flechtend einschlafen ...«. Mit der Industrialisierung aber hörte die Flechterei auf, und Armut zog ein – eine Parallele zum Schicksal der schlesischen Weber, das Gerhart Hauptmann dramatisierte. All dies, aber auch alte Kostüme und Uniformen, Kupfer- und Zinngeschirr sowie Möbel und Kirchenkunst können Sie im *Museo Onsernonese* im Ortsteil *Pezze* von **Loco** besichtigen.

Auf **Auressio**, wo sich der »Wissenskosmos« befindet, folgt der wildeste Teil der Abfahrt. Betätigen Sie die Bremsen, wenn die Straße hinter einem Felsvorsprung nicht einzusehen ist. Außerdem kann man an Viadukten halten, um die Schluchten zu bewundern, die man bei der Auffahrt mit dem Auto nicht wahrnahm. Hinter **Cavigliano** wird das Tal breit, und das steile Gefälle hat aufgehört. In **Verscio** erwartet uns nach dem wilden Naturerlebnis eine architektonische Kostbarkeit: Vom Markt 100 m links hinauf gelangt man zum *Palazzo Leoni* aus dem 17. Jh. Sollte das Eingangstor verschlossen sein, können Sie durch ein ganz schmales Gäßchen links neben der Casa in den Innenhof gelangen: Hier erleben Sie, umrahmt von Doppelarkaden, eine Oase der Stille und besten architektonischen Stils. Bis **Ponte Brolla**, wo man die Räder stehenläßt, um mit dem Bus nach Russo zurückzufahren, sind es nur noch 10 Min. Insgesamt haben wir das Onsernone dann viermal durchfahren: Auto – Rad – Bus – Auto.

Radverleih und Radtransport
Locarno: Stazione SBB/FFS, ☎ 7 43 65 64; außerdem Belotti Sport, Via Cittadella, ☎ 7 51 66 02; Garni Nessi, Via Varenna 79, ☎ 7 51 77 41.

Übernachtungen unterwegs
Russo: Leila, Garni, ☎ 7 97 10 09. *Auresio*: La Pergola, ☎ 7 97 11 74. *Loco*: Centro Scuola Montana (Gruppen-Unterkunft), ☎ 7 97 12 51.

Einkehrmöglichkeiten
Crana: Osteria Grotto Cacciatori. *Russo*: Osteria da Tiglio. *Mosogno*: Osteria Bel Soggiorno. *Loco*: Caffè della Posta. *Cavigliano*: Bella Vista. *Verscio*: Ristorante.

Öffnungszeiten
Loco: Museo Onsernonese, Di – So 14 – 17 Uhr (April – Okt.); Centro Scuola Montana, 9 – 12, 15 – 19 Uhr.

Auskunft
Siehe Tour 8.

Kombinationen
In Cavigliano Quartier nehmen, dann in die Centovalli-Bahn steigen, Tour 8 durchführen und von Ponte Brolla nach Cavigliano zurückfahren. Von hier Tour 9 durchführen.

Landkarten
LKS 1:50 000, Blatt-Nr. 276.

Rings um den Lago Maggiore

10 Locarno – Intra: das Westufer des »Langensees«

Locarno – Ascona – Ronco – Porta – Brissago – Cannobio – Cànnero –Ghiffa – Intra

 Ausgangsort
Locarno.

 Zielpunkt und Rückfahrt
Intra. Rückkehr mit der Fähre nach Laveno; von hier mit der Bahn über Bellinzona nach Locarno.

 Gesamttourenlänge
51 km. 49 km Asphalt, 2 km Schotter.

 Zeitbedarf
5 Std. Fahren, 2 Std. Besichtigen.

 Etappen
Locarno – Brissago: 17 km; Brissago – Cànnero: 18 km; Cànnero – Intra: 16 km.

 Steigungen und Gefälle
440 Höhenmeter auf und ab.

Geländestruktur
Im ersten Drittel Fahrt am Hang des westlichen Steilufers, danach immer am Ufer des Lago Maggiore. Das Steilufer ist dreimal durch ebenes Schwemmland von Zuflüssen unterbrochen.

Sehenswertes
Locarno: 6 Kirchen: S. Vittore (10. Jh.), S. Maria in Selva (1400), S. Antonio (17. Jh.), S. Maria Assunta (1630), S. Francesco (1229), Wallfahrtskirche Madonna del Sasso (16. Jh.); Castello Visconteo (15. Jh.); u.v.a. *Ascona*: S. Pietro e Paolo (16. Jh.); Casa Serodine (1620); Collegio Papio (1399). *Ronco*: S. Martino (15. Jh.); Casa Cisevi. *Brissago*: Wallfahrtskirche Sacro Monte Addolorato (18. Jh.); S. Pietro e Paolo (16. Jh.); Palazzo Baccalà. *Cannobio*: S. della Pietà. *Carmine-Superiore* (3 km s Cannobio, 100 m über dem See, Fußweg): S. Gottardo (14. Jh.); alte Dorfstruktur. *Intra*: siehe Tour 11.

Zu beachten
1. Die schmale Uferstraße besitzt, besonders in Italien, kaum Radfahrerstreifen.
2. Personalausweis (Grenzübertritt) nicht vergessen.
3. Man vermeide die Nachmittage der Wochenenden.

Varianten
1. Von Ascona nach Brissago auf der Uferstraße (Autoverkehr!).
2. Von Ronco nicht weiter am Steilhang, sondern in Kehren hinab nach Porto Ronco und dann auf der Uferstraße nach Brissago (in diesem Fall nur 230 Höhenmeter auf und ab).

Locarno und **Ascona** bilden neben Lugano den wichtigsten »touristischen Knoten« und architektonischen Schwerpunkt des Tessins. Allein in Locarno können Sie sechs bedeutende Kirchen, ein Kastell, acht Museen und 14 Galerien besichtigen, in Ascona den ausgedehnten Bezirk des Collegio Papio, daneben eine weitere Kirche, sechs Museen und eine Unmenge Galerien. Der DuMont-Kunstreiseführer widmet allein diesen beiden Orten 27 Seiten! Und am Nachmittag am Lido baden oder in den Uferpromenaden von Muralto schlendern oder in einem der zahlreichen Cafés an der Seefront von Ascona in die Sonne blinzeln oder am Abend unter den Arkaden der Piazza Grande die Luxusgeschäfte bestaunen und dann gut tafeln – auch das gehört zu einem Besuch dieser Orte.

Angesichts eines solchen Angebots an Geschichte, Kunst und Lebensgenuß sollte man einige Tage in Locarno oder Ascona verweilen, ehe man sich auf Tour begibt. Es kann nicht Aufgabe eines Radführers sein, all diese Sehenswürdigkeiten

eingehend zu beschreiben. Das Verkehrsbüro im Kursaal am *Largo Zorzi* versorgt
Sie mit ausführlichem Prospektmaterial.
Und wenn Sie schon einmal einige Tage in
dieser Oase bleiben, dann sollten Sie auch
mit Schwebebahn und Sessellift auf *Ci-
metta* fahren, wo Sie aus 1750 m Höhe

einen einzigartigen Rundblick über den
Lago Maggiore (»Langensee«) genießen
können. Oder besuchen Sie mit dem
Schiff die *Isola di Brissago*; eine exzellen-
te Park- und Schloßarchitektur erwartet
Sie dort.
Und an Regentagen können Sie in die

**Der Hafen und die Santa della Pietà mit ihrem lombardischen Oktagon bilden das
Zentrum des Kurorts Canobbio.**

Kirchen, Museen oder Galerien gehen – langweilig wird es hier nie!

Unsere Route beginnt an der Schiffslände. Dann fahren wir die *Lungolago* an den Anlagen entlang, am Lido vorbei vor bis zur Einmündung der *Fiume Maggia* in den Langensee. An deren Ufer geht es auf einem Schotterweg vor bis zur Auffahrt auf die neue Schnellstraße. Auf der Radspur links kommen wir in die *Via al Pascolo*, auf der wir die *Via Locarno* kreuzen. Am Hang des *Monte Verità* (links Wald) zweigen wir 300 m weiter halblinks in die *Via Madonna della Fon-*

Lido und Hafen von Ascona: Treffpunkt der Künstler, Globetrotter und »Genußmenschen« aus aller Welt.

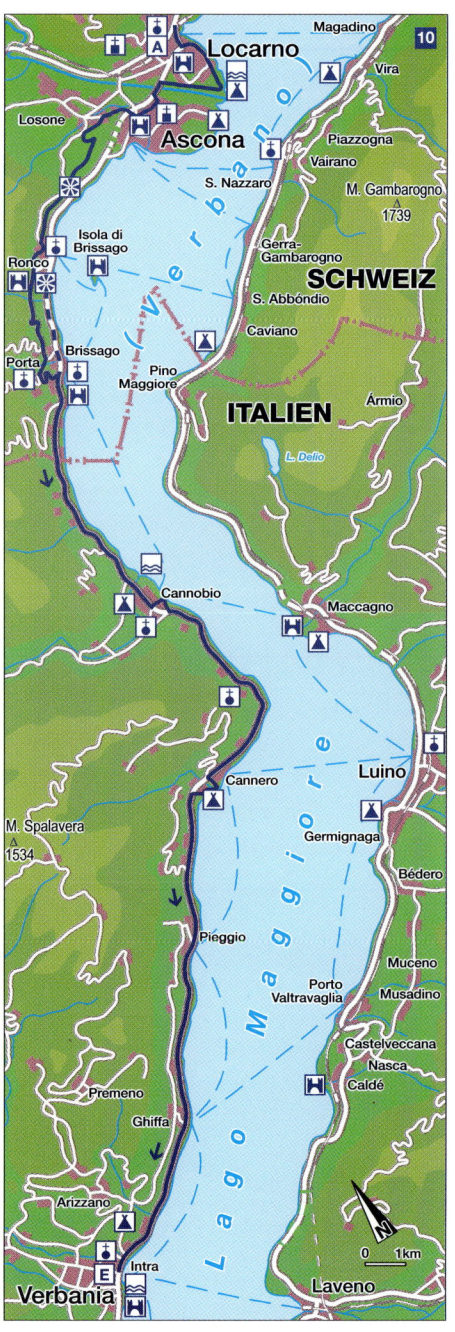

tana. Ansteigend führt sie 80° um den Monte Verità herum. Dieser Berg war Ende des 19. Jh. Kultstätte europäischer Anarchisten aller Couleur; man mag es heute kaum glauben. Kurz bevor die Straße eine 90°-Linkskurve angeht, zweigt am *Parco Parsifal*, einem Freizeit- und Spielplatz, rechts ein schmales Sträßchen ab. In wechselndem Auf und Ab, aber im wesentlichen 150 m über dem See bleibend und immer wieder herrliche Ausblicke auf ihn genießend, gelangen wir in einer halben Stunde in das bezaubernde **Ronco**. An der Pfarrkirche *S. Martino* (1491) stellen wir die Räder ab und gehen auf den Platz mit der großen, alten Kastanie – »schönster Kirchplatz der Welt« (mehr wird nicht verraten!). Nach Besuch der Kirche und des alten Dorfes mit seinen hohen Häusern und der Kapelle *S. Maria della Grazie* geht die Fahrt weiter. Wenn wir nicht die Variante 2 benutzen, müssen wir uns jetzt auf 200 Höhenmeter Anstieg einstellen. Das beginnt gleich an der Kirche, wo wir die Autostraße 250 m hinauftreten. Dann zweigt links zurück der *Sentiero romano* ab, anfangs asphaltiert, später geschottert (Ww. »Mad. del Sacro Monte«). Kurz vor dem *Val di Crodolo* erreicht das Sträßchen mit 540 m seine größte Höhe. Danach rollt man in vielen Kurven hinab in den Ortsteil *Porta* von Brissago, den man in 392 m Höhe erreicht. Durch die Renaissance- und Barockarchitektur dieser Gegend fahren wir zwei Kehren abwärts. Aus der dritten Kehre führt nach rechts die Fortsetzung unseres Sträßchens, das uns nach 500 m zu einer Wallfahrtskirche mitten im Wald bringt. In dezentem Orange und Gelb erhebt sich auf einem Plateau über einer Schlucht der schlichte Bau des *Sacro Monte Addolorato* mit seinem kleinen Glockenturm. Er entstand im 18. Jh. und wurde bis 1996 restauriert.

In zwei weiteren Kehren rollen wir die restlichen 100 Höhenmeter hinunter nach **Brissago**. Und noch einmal – nach Locarno, Ascona und Ronco nun schon der vierte Ort – trifft man auf Geschichte und Architektur in gedrängter Dichte. Früh auf Unabhängigkeit bedacht, unterstand der Ort nach 1307 längere Zeit unmittelbarer Reichsgewalt. Auch unter den Mailändern Visconti und Rusca sicherte sich Brissago Privilegien. Den Eidgenossen verweigerten die Brissaghesi 1517 den Treueid, ehe sie sich vier Jahre später ihnen unterwerfen mußten. Hier sollten wir nochmals eine Pause einlegen, um die Pfarrkirche *S. Pietro e Paolo* und die großen *Palazzi* der *Borrani*, der *Branca* (jetzt *Palazzo Baccalà*) sowie die *Casa Ghigi* zu studieren.

So schnell entläßt Sie Brissago nicht aus seinen Reichtümern: Auf der Fahrt zur italienischen Grenze steht noch die Kirche *Madonna di Ponte* in schöner lombardischer Renaissance-Architektur an der Straße. Nach dem Zoll gibt es in der Routenführung keine Probleme mehr. Die restlichen 34 km fahren wir auf der Uferstraße nach Intra. Zweimal noch können wir Pausen einlegen. Vor dem Fluß *Cannobio* können wir noch rechts über *Traffiume* einen Schlenker einlegen. Im Dorf **Canobbio** radeln wir am Ortsbeginn links hinunter an den Lido mit seinen gepflegten Anlagen, wo auch *S. della Pietà* steht. Wir tasten uns wieder hinauf auf die Uferstraße und fahren auf ihr noch 22 km bis Verbania-Intra. Unterwegs können wir noch zweimal Station machen: in **Cànnero** und in **Ghiffa**; Besuche am Ufer sind in Ihr Belieben gestellt. Sicher reichlich müde nach 51 km mit 440 Höhenmetern Steigung werden Sie in **Intra** in einem der zahlreichen Hotels die ersehnte Ruhe finden. Ein abendlicher Bummel durch die alten Gassen, die sich plötzlich

in den Platz um die Kuppelkirche *S. Vittore* weiten, beschließt den erlebnisreichen Tag.

Radverleih und Radtransport
Locarno: Stazione FFS; Transport durch Belotti Moda Sport, Via Cittadella, ✆ 7 51 66 02. *Ascona:* Facchi Claudio, Via Locarno, ✆ 7 91 13 41. *Cannobio:* Cicli Prezan, Via V. Veneto 9, ✆ (03 23) 7 12 30.

Übernachtungen unterwegs
Locarno: rund 70 Hotels und Alberghi mit insgesamt über 4000 Betten aller Preiskategorien. *Ascona:* 14 Hotels mit über 700 Betten. *Ronco:* 4 Hotels. *Brissago:* 19 Hotels. Auf dem ital. Teil der Route in jedem Ort viele Hotels und Alberghi, z.B. in *Cannobio:* Rist. Hotel Antica Stallero, Albergo Rist. Pironi usw.

Einkehrmöglichkeiten
Von *Brissago* bis *Ghiffa* viele Pizzerien und Ristoranti am Ufer. *Verbania:* Rist. Milano (Terrasse am See).

Öffnungszeiten
Locarno: Museo Civico im Castello Visconteo; Pinacoteca comunale, Piazza Sant Antonio; Museo Madonna del Sasso: alle April – Okt., Di – So 10 –12, 14 –17 Uhr. *Ascona:* Museo Comunale, März – Dez., Di – Sa 10 –12, 15 –18, So 10 –12 Uhr; Museum Ignaz und Mischa Epper: Ostern – Okt., Di – Fr 10 – 12, 20 –22, So 20 –22 Uhr; Casa Anatta: Di – So 14.30 –18 Uhr; außerdem zahlreiche Galerien.

Auskunft
CH-6600 Locarno, Ente Turistico, Largo Zorzi, ✆ 7 51 03 33. CH-6612 Ascona: Ente Turistico Ascona e Losone, ✆ 7 91 00 90. CH-6614 Ronco: Ente Turistico, ✆ 7 91 46 50. CH-6614 Brissago: Ente Turistico, ✆ 7 93 11 70, Mo – Fr 14 –18 Uhr (Juni – Sept. auch Sa). I-28052 Canobbio: Uffizio Turistico, ✆ (03 23) 7 12 12, Mo – Mi/Fr – Sa 9 –12, 16.30 – 19, So 9 –12 Uhr. I-28051 Cànnero: Uffizio Turistico, ✆ 78 89 43. I-28055 Ghiffa: Uffizio Turistico, ✆ 5 94 28, nur Juni – Aug. I-28048 Verbania: siehe Tour 11.

Kombinationen
Einbau in die Tourenkette 3 bis 7, 16, 10 bis 13.

Landkarten
LKS 1:50 000, Blatt-Nrn. 276, 285, 286.

11 Intra – Arona: Öffnung nach Süden

Intra – Pallanza – Fondotoce – Feriolo – Baveno – Stresa – Belgirate – Lesa – Me-ina – Arona

 Ausgangsort und Anfahrt
Intra. Hierher tägl. außer Mi. und So. mit dem Schiff 09.15 ab Locarno, 11.40 an Intra; oder mit dem Zug bis Laveno und der Autofähre nach Intra.

 Zielpunkt und Rückfahrt
Arona. Rückfahrt tägl. mit dem Schiff 16.20 ab Arona, 17.15 an Intra; oder mit der Bahn bis Mont'Orfano.

 Gesamttourenlänge
37 km. Alles Asphalt.

 Zeitbedarf
4 Std. Fahren, 3 – 5 Std. Besichtigen.

 Etappen
Intra – Stresa: 19 km; Stresa – Arona: 18 km.

Steigungen und Gefälle
nur geringfügig.

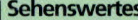 **Geländestruktur**
Im Anfang Fahrt durch die Schwemmlandebenen des Bernardino und F. Toce (NSG di Fondo Toce). Danach Fahrt am Westufer des Lago Maggiore, wobei sich das Bergland im W von 1491 m auf 432 m absenkt.

Sehenswertes
Intra: S. Vittore (1751). *Pallanza*: Wallfahrtskirche Madonna di Campagna; Villa Taranto mit Park. *Baveno*: S. Gervasio e Protaso (12. Jh.) mit Baptisterium (7 Jh.); Villa Branca; Villa Fedora. *Stresa*: S. Ambrogio; Borromäische Inseln (Palazzi e Parci), mit dem Schiff von Baveno oder Stresa. *Belgirate*: Chiesa Vecchia (12. Jh.). *Lesa*: Villa Stampa-Manzoni. *Arona*: Piazza del Popolo mit Arkaden (15. Jh.), Rathaus und Madonna; S. Maria Nascente; S. Graziano e Felino.

 Zu beachten
Siehe Tour 10, 1. und 3.

 Variante
Von Stresa mit der Seilbahn auf den Mottarone (1491 m), herrlicher Tiefblick auf den See.

Der Südteil des **Lago Maggiore** (»Langensee«) ist mit dem Namen Borromeo verbunden. Die Ausbuchtung des Sees nach Westen zwischen Pallanza und Stresa heißt »Borromäischer Golf«; zwischen Baveno und Stresa liegen die »Borromäischen Inseln«; und bei Arona, unserem Tagesziel, steht eine Kolossalstatue von Borromeo, 33 m hoch, aus Kupfer. San Carlo Borromeo wurde 1538 auf der im 13. Jh. erbauten Burg von Arona geboren. Sie wurde in den napoleonischen Kriegen zerstört; heute sieht man nur noch Ruinen von ihr. Borromeo wurde als »Heiliger von Verbano« gepriesen. Auf einem Hügel vor der Stadt sieht man seine 33 m hohe Kupferstatue, die man im Innern ersteigen kann. Der Graf wurde 1560 von Papst Pius IV. zum Kardinal und Erzbischof von Mailand ernannt. Als solcher verkörperte er ein neues Bischofsideal der katholischen Reformbewegung. Durch seine bis nach Deutschland wirksamen Reformdekrete, seine asketische Lebensführung und seinen Mut bei der Bekämpfung der Pestepidemie 1576 gewann er die Verehrung durch das Volk. Auch in der Neuzeit ist das südliche Westufer des Sees bedeutsam geworden: In **Stresa** konferierten 1935 England, Frankreich und das faschistische Italien, um gegen Hitler eine gemeinsame Abwehrfront aufzubauen. Die Rechnung ging bekanntlich nicht auf – zwei Jahre später gewann Hitler den Duce zum Verbündeten.
Was uns Radfahrer bei der 37 km langen Fahrt an den Gestaden des Langensees am meisten beeindrucken dürfte, ist die

fast endlose Kette von Parks und Villen zwischen Baveno und Arona – ein Pendant zum Comer See. Man kann sie nicht alle besuchen: bei **Belgirate** der *Palazzo Conelli*, die *Casa Mestiatis*, die Villen *Cairoli* und *Treves*, in **Lesa** die *Villa Manzoni*, in **Meina** die *Villa Faraggiana* usw. Wählen Sie nach Ihrem Geschmack aus und genießen Sie auch einmal das bloße Vorbeifahren – nur Mut zur Lücke!

Unsere Fahrt beginnt in **Intra** an der Landungsbrücke der Autofähre von Laveno. Nach 1 km Uferfahrt zweigt eine Straße nach links ab (Ww. »Pallanza«). Kurz darauf befindet sich rechts der Eingang zur *Villa Taranto*. In dem riesigen Parkgelände sind englische und italienische Gartenarchitektur eine großzügige Symbiose eingegangen. Brunnen, Bassins, Wasserfälle und Putten zieren die Gartenanlage. Exotische Pflanzen, Azaleen, Koniferen und Palmen machen den Park zu einem der berühmtesten Europas. Dieses Erlebnis sollten Sie sich keinesfalls entgehen lassen!

Wir radeln an der Uferpromenade weiter vor zur *Punta Castagnola*, von wo man einen herrlichen Blick über den Südteil des Lago Maggiore genießt. Die von Palmen gesäumte Uferstraße biegt nun in die NW-Richtung; an ihr reihen sich vornehme Hotels und Ristoranti aneinander. Etwas oberhalb der Altstadt steht die Wallfahrtskirche *Madonna di Campagna* mit einem Oktagon in grazilen, lombardischen Arkaden. 4 km nach der Einmündung auf die Hauptstraße biegen wir am Verkehrskreisel nach SSW (Ww. »Milano«). Wir durchfahren das Mündungsgebiet des *Toce*, bleiben in **Feriolo** auf der nach links führenden Hauptstraße und erreichen nach 3 km **Baveno**. Das ist der zweite Kulminationspunkt unserer Tour. Zunächst steht etwas oberhalb im Ort ein

Die Wallfahrtskirche Madonna di Campagne oberhalb von Pallanza.

prächtiges Ensemble aus der romanischen Kirche *S. Gervaso e S. Protaso* aus dem 11. Jh. und ihrem Campanile, dem *Baptisterium* aus dem 7. Jh. mit barocker Vor-

An der Navigazione Pallanza erkennt man. daß die Kombination Rad –
Schiff sehr beliebt ist.

halle und einem Säulengang mit 12 Fresken aus dem 15. Jh., die den Leidensweg Christi darstellen. Baveno ist aber auch Ausgangspunkt zum Besuch der Borromäischen Inseln. Die Fähre verkehrt laufend. Diese Gruppe der drei Inseln – *Isola Madre*, *Isola Pescatori* und *Isola Bella* – stellt eine unüberbietbare Pracht dar. Das Glanzstück bildet die Isola Bella: Palast mit Sälen, Gobelingalerie und Grotten – Am-phitheater – pyramidenförmiger Terrassengarten – Liebesgarten – Treppen, Balustraden und Putten; es ist ein einziger Rausch von Natur und Kunst, manchmal fast an der Grenze dessen, was das Auge aufnehmen kann. Eigentlich müßte man den Inseln einen ganzen Tag widmen; greifen Sie diese Anregung auf und quartieren Sie sich in Baveno ein!

Die Weiterfahrt bietet keine Probleme: Es

Die klassizistische Villa Taranto steht inmitten des Parks gleichen Namens – eines der berühmtesten in Europa.

geht immer am Ufer entlang, eine endlose Kette von Villen, Parks und Hotels. Der
historische Konferenzort **Stresa** besticht
durch seinen verschwenderischen Luxus
an Hotelpalästen, Cafés, Läden usw. Es
folgt **Belgirate**, wo wir die Räder an der
Promenade stehenlassen und die
100 Höhenmeter hinauf zur *Chiesa
Vecchia* aus dem 12. Jh., mit einem
schlanken Glockenturm, zu Fuß gehen
sollten. **Meina** bildet nochmals eine letzte
Steigerung an subtropischer Vegetation.
Am Hang steht die Parochialkirche mit
ihrem hellen, barocken Campanile.
Nach soviel geschauter Pracht werden wir
müde sein und uns in **Arona** lediglich um

Quartier bemühen. Am Ortsbeginn
zweigt unter einem lotrechten Felsen die
Zufahrt ins Zentrum links von der Umgehungsstraße ab. Das Studium des ge-
schichtsträchtigen Ortes heben wir uns
für den nächsten Morgen auf.

Radverleih
Mergozzo (10 km w Verbania): Lattuada Cicli,
Via Sempione 72, ✆ (03 23) 8 02 33.

Übernachtungen unterwegs
Verbania-Intra: 5 Hotels; Villa Aurora,
✆ (03 23) 40 14 82. *Verbania-Pallanza*: 15 Hotels;
Bella Pallanza, ✆ 55 63 32; Villa Serena,
✆ 55 60 15. *Baveno*: 18 Hotels aller Kategorien;
Elvetia, ✆ 92 41 06. *Stresa*: Zahlreiche, meist teure
Hotels. *Arona*: Hotel Florida, Piazza del Popolo 32,
✆ (03 22) 4 62 12/3.

Einkehrmöglichkeiten
Stresa: Rist. Emiliano (Fisch-Spez.); Rist. da An-
gelo. In allen anderen Orten zahlreiche Ristoranti
und Pizzerien.

Öffnungszeiten
Verbania-Pallanza: Villa Taranto,
01.04. – 31.10., 9 – 18 Uhr. *Borromäische Inseln:*
Motorbootfähre ab Baveno, ✆ (03 23) 92 47 42,
ganzjährig; Isola Bella, ✆ 3 05 56; Isola Madre,
✆ 3 12 61 (Marionettentheater, Puppenmuseum),
Ende März – Ende Okt., tägl. 9 – 12, 13.30 –
17.30 Uhr.

Auskunft
I-28048 Verbania-Pallanza: I.A.T., Corso Zani-
tello 8, ✆ (03 23) 50 32 49, Mo – Sa 9 – 18 Uhr.
I-28042 Baveno: A.P.T. Lago Maggiore, Corso Gari-
baldi 16, ✆ 92 46 32, Mo – Fr 9 – 12.30, 15 – 18,
Sa 9 – 12.30 (Mai – Sept. auch So 9 – 12) Uhr.
I-28049 Stresa: A.P.T. Pro Loco, Via Roma 58,
✆ 3 13 08, Mo – Fr 10 – 12, 15 – 18 Uhr.

Kombinationen
Tour 11 ist die zweite Etappe der Umfahrung
des Lago Maggiore durch die Tourenkette 10 bis 12,
15.

Landkarten
LKS 1:50 000, Blatt-Nr. 285. »Lago Maggiore«, 1:100 000, deutsche Ausgabe, in allen schweiz.
und ital. Verkehrsämtern am See erhältlich.

12 Taino – Laveno: Parks, Klöster und Atome

Sesto Calende – Taino – Barza – Brébbia – Monvalle – Reno – Laveno

 Ausgangsort und Anfahrt
Sesto Calende. Hierher von Arona mit der Bahn, Radtransport möglich. Ab Arona 06.58, 08.26, 13.25 Uhr.

 Zielpunkt und Rückfahrt
Laveno. Rückfahrt mit dem Kursschiff.

 Gesamttourenlänge
33 km. 32 km Asphalt, 1 km Schotter.

 Zeitbedarf
4 Std. Fahren, 4 Std. Besichtigen.

 Etappen
Sesto Calende – Taino: 6 km; Taino – Monvalle: 15 km; Monvalle – Laveno: 12 km.

 Steigungen und Gefälle
168 Höhenmeter auf und ab.

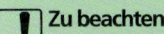 **Geländestruktur**
Flacheres, erhöhtes Hinterland der Uferregion, das nicht über 500 m ansteigt. In diesem durchströmen kleine Flüsse breite Niederungen, während die Höhenzüge bewaldet sind. Nach Monvalle 3 km Steilufer.

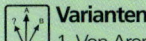 **Sehenswertes**
Taino: Park des Marchese Corti (18. Jh.).
Barza: Casa Don Guanella mit Uhrturm und ausgedehntem Koniferenpark am Hang. 1 km N Barza: Kernforschungszentrum Ispra. *Cellina*: Dominikanerkloster Santa Caterina del Sasso (12. Jh., Fresken 15./17. Jh.).

Zu beachten
Von Sesto Calende nach Taino durchfährt man den Parco Naturale della Valle del Ticino. Pflanzenschutz beachten!

Varianten
1. Von Arona mit dem Schiff (Radtransport möglich) nach Angera (Castell!) und von hier nach Taino.
2. Wer an den Parks von Taino und Barza sowie dem Kloster S. Caterina nicht interessiert ist, kann die Nebenstraßen a) etwas ö über Lentate – Osmate – Cadrezzate (Lago di Monate!) – Brébbia und b) von Monvalle über Leggiuno – Mombello nach Laveno benutzen.

Alle Prospekte und Reiseführer empfehlen auf der lombardischen Seite des südlichen Lago Maggiore die Uferstraße mit der *Burg Rocca* der Visconti und Borromeo in **Angera**. Die Folge ist ein entsprechender Autoverkehr. Die Burg haben wir am Vortag schon vom piemontesischen Ufer aus zwar nicht besichtigt, aber deutlich gesehen. Und die Autostraße verläuft am Ostufer, alle Halbinseln umgehend, meist in größerer Entfernung vom Ufer. Da machen wir gleich aus der Not eine Tugend: Wir radeln noch etwas weiter östlich vom Seeufer auf wenig befahrenen Nebenstraßen durch Niederungen und Wälder und entgehen so dem Autoverkehr. Kultur gibt es auch da zu sehen: zwei Schlösser und ein Kernforschungszentrum, das man besichtigen kann, spannen den Bogen vom Barock zur Gegenwart. Man kann aber auch die Burg in Angera durch die Variante 1 mit Taino verbinden.

Das Gebiet an der Südspitze des Lago Maggiore ist mit Gewerbe- und Industriegelände »überbaut«. Wo es noch etwas Grün gibt, befinden sich ein Dutzend Campingplätze. Den Rest benutzen an Wochenenden die Mailänder zum Baden, Segeln und Surfen. Diesem Gewimmel können wir entgehen, indem wir mit der Bahn von Arona nach Sesto Calende fahren; die Züge nehmen Fahrräder mit.

In **Sesto Calende** biegen wir von der nach Milano führenden Hauptstraße nach einem kleinen Platz links nach N ab (Ampel, kein Ww.). Nach der steilen Bahnunterführung müssen wir 2 km lang kräftig in die Pedale treten, um auf das 50 m über dem See gelegene Hinterland zu gelangen. In **San Giorgio** haben wir die Höhe erreicht, und nun beginnt Genußradeln: fast ebenes Gelände, viel Wald und

Die zwölf Uhren am Turm der Casa Don Guanella zeigen nicht nur die Ortszeiten rund um die Welt, sondern auch Tag, Woche und Monat an.

Wiesen, wenig Autos, selten eine Lagerhalle. An der Gabelung fahren wir links nach **Taino**.

Hier finden wir den ersten Höhepunkt. Wenn die Straße im Ort eine 90 °-Linkskurve beschreibt, stellen wir die Räder ab und bummeln rechts durch eine herrliche Allee des ehemaligen Parks des *Marchese Corti*. Die aus dem 18. Jh. stammende, ausgedehnte Parkanlage am Hang wird linker Hand durch ein modernes Denkmal aufgelockert. Als Ergebnis eines in den 80er Jahren ausgeschriebenen Wettbewerbs für ein Gefallenen-Ehrenmal der Widerstandsbewegung entstand eine in den Himmelsrichtungen ausgerichtete, wuchtige Komposition aus beschädigten Granitquadern – schwer deutbar, aber die Phantasie anregend. Der Blick von hier auf die benachbarte Burg von Angera schafft historische Spannweite. Anschließend geht es weiter in Richtung »Angera«; wobei wir zum schmiedeeisernen Eingangstor am Fuße des Parkhanges kommen. Hier fahren wir rechts (Ww. »Cheglio«) und in **Cheglio** links – rechts zu einer Straße, auf der wir nahezu eben und von Autos kaum gestört 4 km nach **Barza** radeln. Wir steuern direkt auf das Eingangstor der *Casa Don Guanella* zu. Zweiter Höhepunkt: Ein großes Geviert verglaster Arkaden umschließt einen blumengeschmückten Innenhof. Hat man das Eingangstor durchschritten und wendet sich um, erblickt man einen zinnengekrönten Uhrturm mit 12 Zifferblättern, die die Uhrzeit in allen bedeutenden Weltstädten von Jerusalem bis Tokio, Datum, Wochentag und Monat anzeigen – und das alles ist bereits zweihundert Jahre alt! Durch eine kleine Tür gegenüber dem Uhrturm gelangt man in den ausgedehnten Park: Koniferen, Araucarien, Stationenweg, Steilhang, Durchblicke zum Schloß – eine Augenweide! Wer kann so etwas nicht genießen? »Centro di Spiritualita« nennt sich die Anlage. Hätten Sie nicht auch Lust, eine Woche zur Besinnung hier zu bleiben?

Keinen Kilometer entfernt von diesem Ort der Meditation befindet sich der perfekte Kontrast der Moderne: das Kernforschungszentrum **Ispra**. Hier wird angewandte Reaktorforschung betrieben: Spaltprozesse beim Abbrand, Entsorgungsprobleme, aber auch Umweltschutz und Nutzung von Sonnenenergie. Falls »Euratom« Ihrer »grünen Seele« nicht geheuer sein sollte, können Sie es an der Gabelung kurz hinter Barza links liegen lassen und geradeaus nach **Cadrezzate** fahren.

Santa Caterina del Sasso: Wie Vogelnester ducken sich Klostergebäude und Kirche, arkadengeschmückt und von Mauern gestützt, unter die Felswand.

Nach einer Linksbiegung im Ort verlassen wir am Ortsende gegenüber dem Friedhofseingang die Straße halblinks nach **Brébbia**. Wir durchfahren viel Wald, kreuzen in Brebbia die Straße und kommen nach 7 km nach **Monvalle**. Im Dorf biegen wir links in die *Via Mazzini* (Ww. »Municipio, Posta«). Wir treffen auf die Uferstraße, der wir rechts folgen. Nach **Arolo** machen uns bereits gelbe Tafeln auf das Kloster »Santa Caterina del Sasso« aufmerksam. Hinter **Cellina** erfolgt links der Abzweig zum Parkplatz. Zum Kloster muß man 60 Höhenmeter hintersteigen, denn es liegt unterhalb einer lotrechten Felswand knapp über dem Lago. Hatten wir bei Ispra den Sprung vom

Barock ins 21. Jh. getan, so tun wir ihn nun zurück ins tiefste Mittelalter. Wie Vogelnester ducken sich Klostergebäude und Kirche unter die Felswand, arkadengeschmückt, von Mauern gestützt, früher nur vom Wasser her zu versorgen, eine perfekte Schutzlage. In der Chiesa schreiten wir unter romanischen Rundbögen und bewundern alte und neue Fresken. Vom Parkplatz kann man, anfangs steil bergab, die letzten 6 km nach **Laveno** rollen. Der freundliche Hafenort bietet in zwei Hotels Quartiere.

Radverleih und Radtransport
Maccagno (bei Luino): »Rent a bike«, Dulce Bar, Via Acqua Dulce, ℰ (00 37) 40 33 44. Radtransport von Arona nach Sesto Calende mit dem Zug.

Übernachtungen unterwegs
Cadrezzate: Hotel Rist. Urania. *Cellina*: Hotel Rist. Campagna. *Laveno*: Hotel Meuble Moderno, Viale Garibaldi 15, ℰ (03 32) 66 83 73; Locanda Croce Bianca, ℰ 66 83 42.

Einkehrmöglichkeiten
Rist. gegenüber dem Euratom-Eingang.

Öffnungszeiten
Barza: Casa Don Guanella, tägl. 9–18 Uhr *Kernforschungszentrum Euratom bei Ispra*: tägl. 9 – 12, 14 – 17 Uhr nach Rücksprache mit dem Besucherdienst. *S. Caterina del Sasso*: ganzjährig, 8.30 –12, 14 –18 Uhr. *Angera*: Museo Civico Archeologi-co, Via Marconi 2, Sa 15 –18, So 10 –12 Uhr.

Auskunft
I-28041 Arona: A.P.T. del Lago Maggiore, gegenüber Bhf., ℰ (03 22) 24 36 01, Mo – Sa 9 – 12.30, 15 –18 (Mai – Sept. auch So 9 – 12 Uhr). I-21014 Laveno: I.A.T., ℰ (03 32) 66 80 10.

Kombinationen
Tour 12 ist die 3. Etappe der Umfahrung des Langensees (10 bis 12, 15). Von Laveno kann Tour 13 eingebaut werden.

Landkarten
LKS 1.50 000, Blatt-Nr. 296 »Lago Maggiore« 1.100 000 (deutsch), erhältlich in allen Verkehrsämtern am See.

13 Um den Lago di Varese

Varese – Bobbiate – Calcinate – Gropello – Voltorre – Gavirate – Bardello – Biandronno – Cazzago – Bodio – Varese

 Ausgangsort und Anfahrt
Varese. Hierher von Laveno mit der Bahn (kein Radtransport) oder dem eigenen PKW.

 Zielpunkt und Rückfahrt
Varese (s.o.).

 Gesamttourenlänge
40 km. 39 km Asphalt, 1 km Schotter.

 Zeitbedarf
4 Std. Fahren, 3 Std. Besichtigen.

 Etappen
Varese – Gavirate: 14 km; Gavirate – Varese: 26 km.

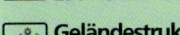 **Steigungen und Gefälle**
230 Höhenmeter auf und ab.

Geländestruktur
Flacher, aber ausgedehnter See mit teilweise versumpften Ufern. Das Hinterland besteht im W aus zwei größeren Sümpfen, sonst aus landwirtschaftlich genutztem Hügelland. Die Stadt Varese liegt 170 m über dem See auf der Höhe.

 Sehenswertes
Voltorre: S. Michele (11. Jh.), Kreuzgang. *Biandronno*: Insel Virginia: Museum, Pfahlbauten. *Cazzago-Brabbia*: zylinderförmige Kühlhäuser (18. Jh.). *Varese*: Palazzo Estense (1766–73) mit symmetrischem Barockgarten; Villa Mirabello (18. Jh.) mit Park; Piazzi in der Altstadt.

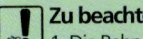 **Zu beachten**
1. Die Bahn Laveno–Varese transportiert keine Fahrräder (siehe »Radverleih«).
2. Die Schweizer LK ist im Gebiet um Varese kaum brauchbar, da seit der Kartierung des ital. Gebietes (1970) große Bereiche überbaut worden sind. Besorgen Sie sich rechtzeitig einen Stadtplan (in jedem Hotel erhältlich).

Auch der **Lago di Varese** ist zusammen mit den beiden kleineren *Lago di Mona-*te und *Lago di Comabbio* ein Ergebnis der Eiszeit. In der Grundmoräne wurden vom Gletschereis Mulden ausgeformt, die sich nach dem Abschmelzen mit Wasser füllten. Ursprünglich gab es mindestens noch zwei weitere Seen, die allmählich verlandeten und heute Sumpfgebiete sind: den *Lago di Biandronno* und das Ried beiderseits des *Canale Brabbia*. Schon in der Jungstein- und Bronzezeit war das Gebiet um die Vareser Seen besiedelt. Die ergiebigsten Funde gibt es auf der *Isolino Virgina* am Westufer des Lago di Varese, die nahezu vollständig aus dem »Müll« jener prähistorischen Zeit besteht.

Als Ausgangs- und Zielort für die Radtour wählt man auf Grund der Hotelkapazitäten am besten Varese. Mit 40 km Streckenlänge und mehreren Steigungen, zum Schluß 170 Höhenmeter hinauf nach Varese, ist die Tour 13 kein bequemes Unternehmen. Das Herausfinden aus der Stadt mit ihrem quirligen Autoverkehr und den vielen Einbahnstraßen sowie das Wiederhineinfinden am Abend sind nur anhand eines guten Stadtplans möglich.

Varese ist mit knapp 100 000 Einwohnern die Hauptstadt der gleichnamigen Provinz. Diese bildete im 14. Jh. mit dem heutigen Kanton Tessin politisch eine Einheit unter der Herrschaft der Visconti. 1538 verlieh Karl V. der Provinz den Status einer freien Republik. Dieses Privileg behielt Varese bis 1765. Unter Maria Theresia wurde die Provinz österreichisch; später (1816) wurde Varese zur Stadt ernannt. Der Einfluß Österreichs ist vor allem an der Architektur zu erkennen: viel Barock, dazu im Zentrum Arkaden. Heute ist Varese bekannt als Sitz eines der vier europäischen Gymnasien, in denen auf italienisch, deutsch, französisch und englisch unterrichtet wird. Wahrzeichen Vareses bilden die beiden großen barocken

Vor der Villa Mirabello in den Giardini Estensi machen Jugendgruppen Rasenspiele.

Parkanlagen um den *Palazzo Estensi* und die *Villa Mirabello*, Nachahmungen von Schönbrunn in Wien. Die Parks sind öffentlich zugänglich.

Wir verlassen Varese Richtung SW auf der Straßenfolge *Via G. Verdi – Via Monviso – Via Daverio – Piazza Bossi* (**Bobbiate**) *– Via G. Dezza*. Von dem 400 m hoch gelegenen Varese geht es dabei meist abwärts zum 240 m tief liegenden See. Kurz vor der Einmündung in die Schnellstraße radeln wir rechts durch die *Vigerano* und *Via dei Molino* und dann über eine Flußbrücke. Anschließend geht es bergauf, später sogar recht steil, durch die alten Gassen von **Lissago**. An der Kirche auf der *Piazza* fahren wir rechts durch schmale Gassen zur *Via Mottarone* (Ww.). Diese müssen wir anfangs bergauf treten oder schieben. Wenn rechts das Straßenschild »Via Virginia Isolino« erscheint, biegen wir links ab, leicht abwärts durch Wiesen fahrend. Immer abwärts rollend, gelangen wir schließlich zur Schnellstraße nach Gavirate. Sie besitzt rechts z.T. einen Radstreifen.

Nach 3 km Fahrt zweigt rechts die etwas bergauf führende Straße nach **Oltrona** ab (Ww.). Im Ort fahren wir links (Ww. »Ilma«) nach **Voltorre**. Hier steht, fast als Ruine, *S. Michele* mit einem Kreuzgang

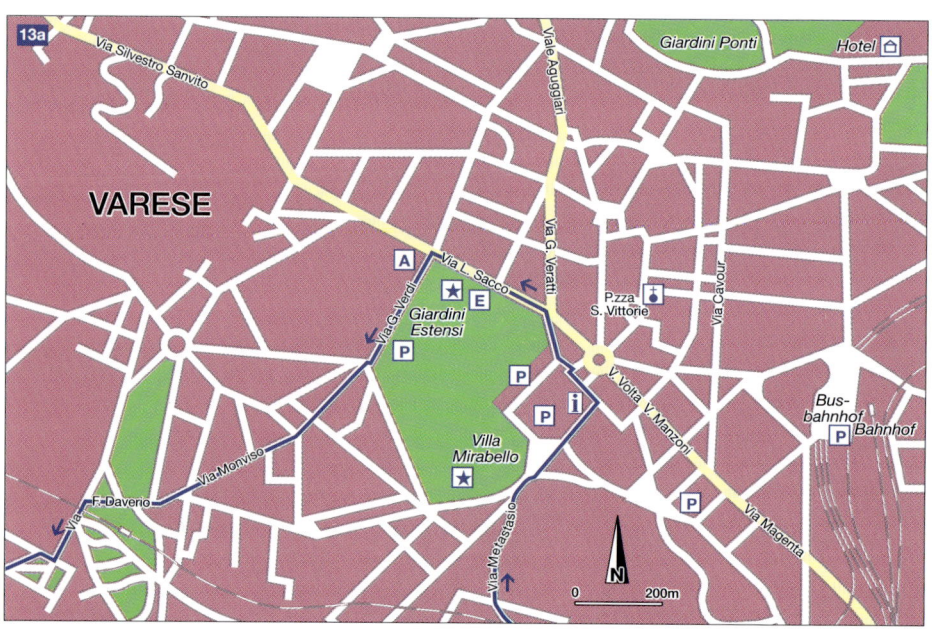

aus dem 11. Jh. und einem alten Turm. Weiterradelnd gelangen wir wieder auf die Schnellstraße. Wer sich für **Gavirate** interessiert, kann rechts hinauf einen Abstecher in den alten Ortskern machen (schöne Barockkirche am Bahnhof). Nach 1 km gabelt sich die Straße; dort schieben wir links das Rad hinauf nach

Bardello. Im Ort biegen wir links ab und gelangen zwischen dem rechts liegenden Sumpfgebiet und dem Lago nach **Biandronno**. Von hier kann man im Sommer und Herbst an Wochenenden mit dem Schiff zur *Insel Virginia* mit ihrem prähistorischen Museum übersetzen. Am Ortsende sollten Sie die Autostraße nach einer

Der Palazzo Estensi: dezente, in die Breite fließende Barockarchitektur, der Schloß Schönbrunn bei Wien als Vorlage diente.

Tankstelle halblinks (Ww. »Rist. Pizzeria«) auf einem Asphaltweg verlassen. Anschließend muß man einen reichlichen Kilometer auf einem etwas schlechteren Weg am Fuße eines Steilhangs fahren; Friede, Ruhe und Uferlandschaft entschädigen für den Weg.

Wieder auf der Straße, fahren wir in **Cascinetta-Rizzone** links (Ww. »Varese«). Wir durchqueren auf 2 km ein Sumpfgebiet und treten aus einer flachen Rechtskurve heraus gerade hinauf zur Kirche von **Cazzago**. An der *Piazza Mazzini* fahren wir rechts und gelangen an der Ampel wieder auf die Straße, der wir 1 km nach links folgen. Dann zweigt halbrechts (Ww. »L.-Bodio«) die *Via Betrami* ab. Nachdem wir **Bodio** durchfahren haben, kehren wir zur Schnellstraße zurück und radeln auf ihr 3 km durch eine schöne Wald- und Wiesenlandschaft. Wir treffen auf den Autobahnzubringer und überqueren ihn in einer kurzen Links-rechts-Versetzung nach **Capolago**. Nach dem Ort fahren wir an der nächsten Kreuzung halblinks in die *Via Boderi*. Diese kleine, nahezu autofreie Nebenstraße bringt uns zunächst eben, dann aber in langer, teilweise recht steiler Steigung hinauf an den fast 200 m höher gelegenen Südrand von **Varese**. Von hier tasten wir uns mit Hilfe unseres Stadtplans durch die Altstadt zu unserem Quartier. Eine Stadtbesichtigung sollte man zu Fuß unternehmen. Von den zahlreichen Piazze interessiert eigentlich nur die *Piazza San Vittore* mit ihren Kirchen und dem schlanken, barocken Campanile, während die anderen Plätze von den wuchtigen Repräsentativbauten der Mussolini-Ära umstanden sind. Einen glanzvollen Höhepunkt aber bilden die *Giardini Estensi* mit der *Villa Mirabello* (18. Jh.), dem Terrassenpark mit Blumenrabatten und Springbrunnen und dem langgezogenen, gestaffelten *Palazzo Estensi*. Gekonnte Symmetrie beherrschen Park und Schloß.

Radverleih und Radtransport
»Rent a bike«, s. Tour 12. Wenn Sie Ihr Fahrrad nicht mit dem eigenen Auto zum Ausgangs- und Zielort Varese transportieren können, wird der Radtransport etwas problematisch. Obwohl Großstadt, besitzt Varese keinen Fahrradverleih. Auf der Eisenbahnstrecke Varese – Laveno werden Räder nur um 17 Uhr von Varese nach Laveno mitgenommen, nicht aber in der entgegengesetzten Richtung (!). In diesem Fall wird die Kombination 2 empfohlen.

Übernachtungen unterwegs
Varese: 12 Hotels aller Kategorien; preisgünstig: Albergo Mira, Via Walder 45 (im N), ☎ (03 32) 28 64 65; Albergo Rist. Bologna, Via Broggi 7 (zentral), ☎ 23 21 00. *Schiranna* (im SW, am See): Hotel Varese Lago, Via Macchi 61, ☎ 31 00 22; Da Mario, ☎ 31 04 52. *Biandronno*: Hotel Continental (****), ☎ 76 66 55.

Einkehrmöglichkeiten
Wie bei »Übernachtungen« (s.o.)

Öffnungszeiten
Varese: Musei Civici di Villa Mirabello, Piazza della Motta 4, Di – So 9 – 12.30, 14 – 17.30 Uhr. Palazzo Estensi (heute Stadtverwaltung) Mo – Fr in den Dienstzeiten. *Biandronno*: Museo Preistorico auf der *Isola Virginia*, nur geführte Besichtigungen, 01.06. – 30.09., Sa/So, 01. – 29.10. nur jeweils So, 14 – 18 Uhr.

Auskunft
I-21100 Varese: I.A.T., Via Carrobbio 2, ☎ (03 32) 28 36 04, Mo – Fr 9 – 12.30, 14 – 17.30 Uhr; A.P.T. del Varesotto, Viale Ippodrome 9, ☎ (03 32) 28 46 24, 23 90 70, Mo – Fr 9 – 12, 15 – 18 Uhr.

Kombinationen
1. Einbau zwischen Tour 12 und 15 von Laveno aus. 2. Tour 20 über Porto Ceresio bis Varese durchführen (vgl. Variante 2). Nach Übernachtung in Varese Tour 13 fahren. 17 Uhr mit Zug nach Laveno und hier übernachten. Tour 15 anschließen.

Landkarten
LKS 1:50 000, Blatt-Nr. 296. Stadtplan von Varese.

14 Valcuvia, eine niedrige Wasserscheide

Luino – Mesenzana – Cassano – Cantevria – Rancio – Cavona – Cuveglio – Cuvio – Vergobbio – Casalzuigno – Brenta – Cittiglio – Laveno

 Ausgangsort und Anfahrt
Luino. Hierher von Locarno mit dem Schiff tägl. 09.15 Uhr ab Locarno oder mit der Bahn (in Cadenazzo umsteigen).

Zielpunkt und Rückfahrt
Laveno. Rückfahrt mit der Bahn nach Luino.

Gesamttourenlänge
32 km. Alles Asphalt, aber teilweise sehr holperig.

Zeitbedarf
3 – 4 Std. Fahren, 2 Std. Besichtigen.

Etappen
Luino – Cuvio: 18 km; Cuvio – Laveno: 14 km.

Steigungen und Gefälle
243 Höhenmeter auf und ab.

Geländestruktur
Breite, im wesentlichen durch Landwirtschaft genutzte Talniederungen, die durch eine nur 87 m über dem Lago gelegene Wasserscheide miteinander verbunden werden.

Sehenswertes
Mesenzana: Torre. *Cavona*: Santuario Casa di Loreto (17 Jh.); Dorfkern. *Cuveglio*: S. Lorenzo, Campanile. *Cuvio*: Palazzo Litta-Visconti. *Casalzuigno*: Villa della Porta Bozzolo mit Park.

Zu beachten
Nur jeder dritte Zug von Laveno nach Luino transportiert Fahrräder. Wenn dessen Abfahrtszeiten nicht in Ihr Timing passen, können Sie mit dem Fahrrad die Uferstraße zurück nach Luino fahren und Tour 14 zur Rundtour gestalten (dann insgesamt 49 km).

Varianten
Je nach Belieben kann man das eine oder andere Dorf am Talrand auslassen und auf der Autostraße bleiben, wodurch sich Tourenlänge und Steigungen verringern.

Das **Valcuvia** stellt eine extrem niedrige Wasserscheide zwischen zwei Flüssen innerhalb der Luganer Voralpen dar. Sie liegt nur 87 m über dem Wasserspiegel des Lago Maggiore. Der nördliche Teil, der von der *Margorabbia* durchströmt wird, führt den Namen *Val Travaglia*. Der südliche Teil wird von dem Flüßchen *Boesio* durchflossen. Die Talaue ist bis zu 2 km breit; die Dörfer liegen fast ausnahmslos an den Talrändern. Das breite Tal macht es möglich, daß außer der Autostraße in der Talmitte zahlreiche Nebenstraßen und

Am Hang bei Cassano steht diese Villa aus dem Anfang des 20. Jh. mit ihrem blumengeschmückten Terrassengarten.

Wirtschaftswege zu den Dörfern am Fuß der Hänge führen. Indem wir diese kleinen, verkehrsarmen Straßen auf ca. 80% unserer Route nutzen, müssen wir zwar etwa das Dreifache an Steigungen gegenüber der Autostraße in Kauf nehmen, handeln uns dafür aber genußvolleres Ra-

deln und den Besuch alter Dorfkerne mit einigen Palazzi und ihren Parks ein. Das ist ein Tausch, der sich lohnt!
Wir verlassen Luino über die *Via XV. Agosto* und die *Via Volpominio*, überqueren die Gleise und folgen zunächst dem Ww. »Voldómino«. Nach Überque-

Der Terrassenpark der Villa Bozzolo stellt mit seinen Balustraden eine der originellsten Schöpfungen des lombardischen Barock dar.

rung der *Tresa* treten wir aber nicht in das Dorf hinauf, sondern bleiben unten im Tal auf einer geraden Straße. Auch der Abzweig halblinks verfolgt diese Linie: Auf einer neuen Straße radeln wir eben am Fuß des Berghangs über **Cucco** bis kurz vor **Ruera**. Hier warnt uns ein Sackgassenschild vor dem Geradeaus-Weiterfahren, so daß wir rechts auf einer Brücke über die *Margorabbia* auf die Schnellstraße gelangen. Wir folgen ihr einen Kilometer und treten dann bei einem Abzweig rechts hinauf in das Dorf **Mesan-**

zana. In den alten Gassen weist uns ein Schild »Casa di Pane« darauf hin, einen Blick in den malerischen Innenhof des Hauses zu werfen. Beim *Municipio* führt die *Via Torre* rechts hinauf zur *Chiesa* und dem oberhalb von ihr liegenden *Torre* der ehem. Festung. Wer ihn kennenlernen will, tut dies am besten zu Fuß. Auf der anderen Seite des Baches rollen wir wieder hinunter zur Autostraße, der wir 1 km nach rechts folgen. Dann zweigt rechts hinauf eine Nebenstraße nach **Cassano** und **Cantevria** ab. Kurz vor dessen

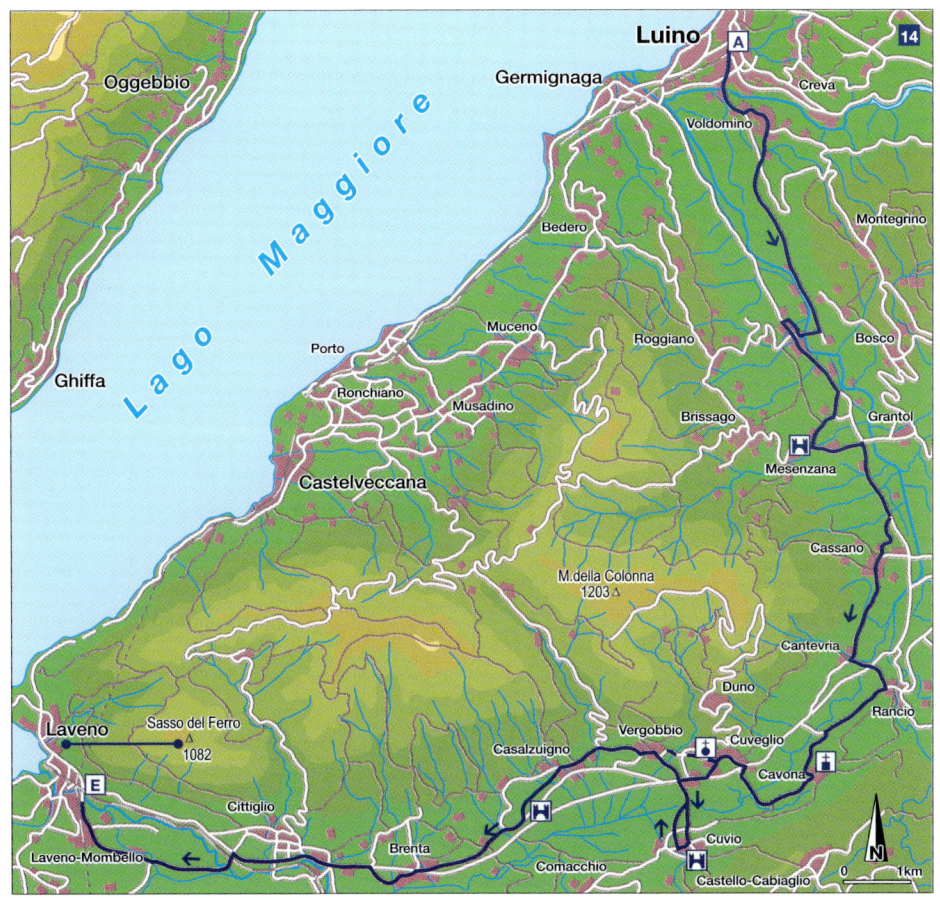

Ortskern biegen wir links hinunter zur Schnellstraße, die wir kreuzen. Wir treten hinauf nach **Rancio**, dessen mächtigen Kirchturm wir von der gegenüberliegenden Talseite schon lange sehen konnten. Oben angelangt, fahren wir auf einer sehr stillen Straße am Fuß eines Berghanges, später links haltend, zuletzt hinauf auf den Berg nach **Cavona** (314 m).

Dieses alte Dorf bildet den ersten Höhepunkt unserer Tour. Sowohl vom *Santuario Casa di Loreto* aus dem 17. Jh. auf das Gewirr der Dächer und Innenhöfe blickend als auch im Dorf selbst erleben wir ein einzigartiges Dorfbild alter lombardischer Hauskultur: Gassen, Höfe, Brunnen – ein pittoreskes Bild reiht sich ans nächste. Im Kindergarten befindet sich ein Museum über Südamerika, wohin im 19. Jh. viele Dorfbewohner auswanderten. Auch **Cuveglio**, wohin wir hinunterrollen und das wir nach einer kurzen Rechts-links-Versetzung auf der Autostraße erreichen, besitzt einen alten Dorfkern mit vielen Bruchsteinhäusern. Wer Hunger hat, kann hinunter nach **Canonica** rollen, wo es ein schönes Ristorante gibt. Er kann dann links hinüber nach **Cuvio** radeln, wo der *Palazzo Litta-Visconti* sehenswert ist. Wer weder auf Pizza noch Palazzo Appetit hat, kann auf der Höhe bleiben und hinüber nach **Vergobbio** radeln. Auf schmalen, idyllischen Asphaltwegen gelangt man zwischen Gärten nach **Casalzuigno**, wo sich rechter Hand die *Villa Bozzolo* mit ihrem ausgedehnten Terrassenpark am Hang befindet – der zweite Höhepunkt unserer Tour. Am Palazzo und dem Parco ahnt man die Prachtentfaltung des lombardischen Feudaladels im 18. Jh. Die Villa steht, abweichend von der damaligen Parkarchitektur, nicht am Ende der Parkachse, sondern seitlich daneben. Diese Asymmetrie wie auch die Balustraden-Terrasse geben der Anlage eine spezifische Note und machen sie zu einem der bedeutendsten lombardischen Parks.

Nach der Villa Bozzolo rollen wir nicht bis zur Schnellstraße hinunter, sondern benutzen den ersten Abzweig rechts, um weiterhin den Autos fernzubleiben. Wir folgen der *Via Verde Varesina* und der *Via Mazzini* und verlassen die Straße nach kurzem Anstieg links auf der *Via del Gaggiolo*. Nahezu eben bringt uns der Asphaltweg auf die alte Autostraße, die erst in **Brenta** in die Schnellstraße mündet. 700 m hinter **Cittiglio** können wir den starken Verkehr wiederum verlassen, indem wir links die Bahn überqueren und auf einer Nebenstraße durch Gewerbegebiet nach **Laveno** fahren. Der Bahnhof befindet sich nach der Bahnunterführung links oben.

 Radverleih
Mesenzana: Sport e Salute, ✆ (03 32) 57 66 80. *Maccagno* bei *Luino*: »Rent a bike«, Dulce Bar, Via Acqua Dulce, ✆ (03 37) 40 33 44.

 Übernachtungen unterwegs
Laveno: siehe Tour 12. *Luino*: siehe Tour 15.

 Einkehrmöglichkeiten
Canonica: Pizzeria Rist. *Vergobbio*: Pizzeria Trattoria.

 Öffnungszeiten
Cavona: Museo civico (Darstellungen über die Auswanderungen nach Südamerika) im Asilo Infantile, Sa/So 15 – 17.30 Uhr. *Casalzuigno*: Villa della Porta-Bozzolo, Febr. – Dez., Di – So 10 – 13, 14 – 17 Uhr.

 Auskunft
Luino: siehe Tour 15.

 Kombinationen
Einbau in die Tourenkette 10 bis 16, entweder von Luino aus oder von Laveno in Gegenrichtung und Fortsetzung mit 15 ab Luino.

📖 **Landkarten**
LKS 1:50 000, Blatt-Nr. 296.

15 Laveno – Magadino: fünfzig Kilometer Uferfahrt

Laveno – Castelveccana – Porto – Germignaga – Luino – Maccagno – Caviano – S. Nazzaro – Vira – Magadino

Ausgangsort und Anfahrt
Laveno. Hierher mit der Bahn von Bellinzona oder Arona oder mit der Autofähre von Intra (siehe Tour 11).

Zielpunkt und Rückfahrt
Magadino. Rückfahrt mit der Bahn oder Weiterfahrt mit dem Schiff nach Locarno (ab 25 Min. nach jeder vollen Stunde).

Gesamttourenlänge
50 km. Alles Asphalt.

Zeitbedarf
6 Std. Fahren, 1 Std. Besichtigen.

Etappen
Laveno – Luino: 20 km; Luino – Caviano: 20 km; Caviano – Magadino: 10 km.
Steigungen: 77 Höhenmeter auf und ab.

Geländestruktur
Steilhänge am Ostufer des Langensees, anfangs auch mit Felsen durchsetzt (Tunnelstrecke). Das Steilufer wird nur zweimal durch Schwemmland bei der Einmündung von Zuflüssen unterbrochen.

Sehenswertes
Laveno: siehe Einleitung. *Luino*: Pfarrkirche Madonna del Carmine (15. Jh., Fresken); Uferpromenade mit Oratorium San Pietro (17./18. Jh.); Palazzo Rossi an der Piazza Libertà. *San Nazzaro*: S. Nazzaro e Calso, Campanile (13. Jh.).

Zu beachten
Intakte Beleuchtung für die Tunneldurchfahrten der Uferstraße erforderlich.

Varianten
1. Von Laveno mit dem Lift auf den *Poggio Sant'Elsa* (974 m); hervorragender Tiefenblick.
2. Nach Caldé Abzweig rechts (Ww.) und über Nasca – Musadino (314 m) – Muceno – Bedero nach Germignaga. Die aussichtsreiche, wenig befahrene Höhenstraße erfordert + 75 Höhenmeter Anstieg.

Das Ostufer des Lago Maggiore: Boote, Buchten, Bäder, Berge – und eine Bicicletta.

Am Ende der Tour 12 waren wir von Sehenswürdigkeiten gesättigt und sind durch Cerro einfach hindurchgefahren. Und für die heutige Tour erwarten uns fast 50 km Fahrt, ein ganz schönes Tagespensum. Sollten Sie Tour 15 als Fortsetzung von Tour 12 angehen, dann empfiehlt es sich, einen vollen Tag in **Laveno** zu bleiben und alles, was der Ort zu bieten hat, in Ruhe zu besichtigen: In **Ceresolo** die *Chiesa di S. Defendente* aus dem 11. Jh. und in **Cerro** den *Palazzo Perabé* mit seinem großen Arkaden-Innenhof und dem *Museo della Ceramica*, denn Cerro ist bekannt durch seine alte Keramikkunst. Wenn Sie einen hervorragenden Tiefenblick wünschen, können Sie mit dem »Eimerlift« auf den 974 m hohen *Poggio Sant'Elsa* fahren. Schließlich sind Sie mit der Fähre in 20 Min. in **Verbania** und können in **Pallanza** die Wallfahrtskirche *Madonna di Campagna* besuchen – mit ihrem mit lombardischen Arkaden verzierten Oktagonturm

Abendlicher Zauber am Lago Maggiore: Palme im Gegenlicht der untergehenden Sonne.

ein einmaliger Bau von graziöser Schönheit.

Auf diese Weise können Sie die Tour ausgeruht beginnen. Mit einem maßvollen Besichtigungsprogramm ist sie vorzugsweise der Landschaft gewidmet. Die Luganer Voralpen fallen mit bis zu 1000 m hohen Steilhängen zum See ab, im Frühjahr oder Herbst alle Variationen der Jahreszeit tragend – ein malerisches Bild oh-

negleichen. Von **Laveno** geht es zunächst viel bergauf; über **Caldé** gelangt man nach ca. 9 km zu einem Abzweig rechts. Hier steht ein Ww., der alle Orte aufführt, die auf der Variante berührt werden. Sie können sich nun entscheiden: Wenn Sie auf der Uferstraße bleiben, haben Sie keine Orientierungsprobleme, dafür aber vierrädrige Konkurrenz. Wenn Sie glauben, trotz der 50 km Fahrtstrecke und der zusätzlichen 75 Höhenmeter Anstieg genügend Kraft in den Beinen zu haben, können Sie den Autos entgehen und die Variante wählen, indem Sie die *Via Galilei* rechts hinaufstrampeln. Folgen Sie den Ww. »Nasca, Sarigo«, später »Domo, Musadino«. Die Beschilderung ist gut. Den höchsten Punkt erreichen Sie in **Bedero** mit 352 m. Danach geht es steil, z.T. in Kehren, bergab. In **Germignaga** treffen Normalroute und Variante wieder zusammen.

Hier müssen wir die *Tresa* überqueren, um nach **Luino** zu gelangen. Der Verkehr hat nun nachgelassen, da die meisten Autos nach Varese fahren. In Luino halten wir uns links (Ww. »Swizzera«), um zum Lido zu gelangen, wo sich die Barockkirche *Madonna del Carmine*, der *Palazzo Rossi*, die Information, die Schiffslände und zahlreiche Hotels befinden. Wir fahren auf der Uferstraße weiter nach N, kommen durch mehrere Tunnel, wobei wir den zweiten links außen auf der alten Straße umfahren können, durchqueren **Maccagno** und erreichen nach kilometerlanger Uferfahrt hinter **Pino** die Schweizer Grenze. Wegen der zahlreichen Kurven ist diese Etappe wenig befahren. Hinter der Grenze hebt sich der Lebensstandard deutlich, was Straßenqualität, Informationen usw. betrifft.

In **San Nazzaro** können wir nochmals kurz anhalten, um die romanische *Chiesa S. Nazzaro e Calso* mit ihrem etwas

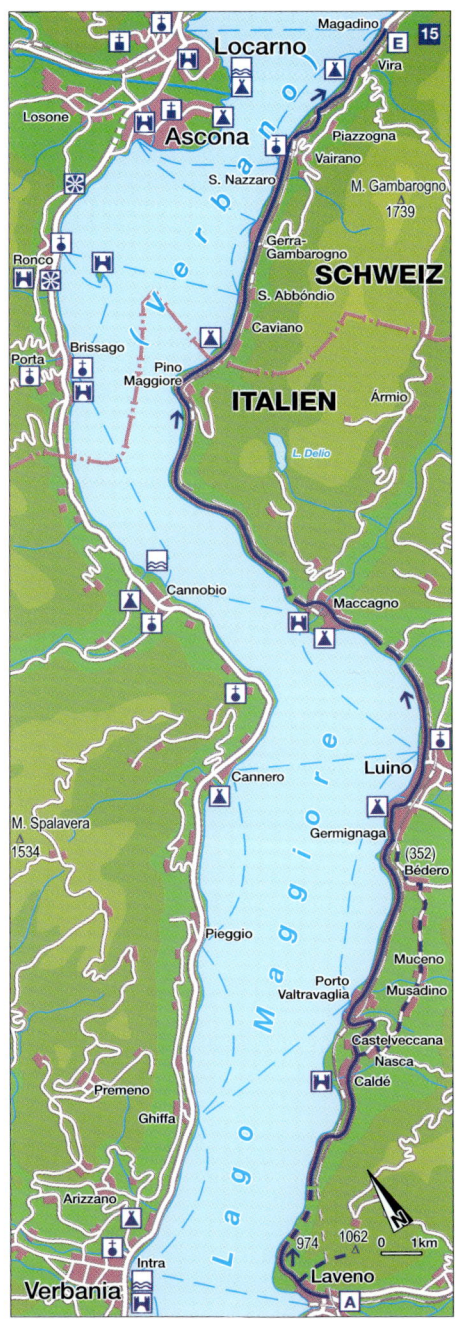

schief stehenden Campanile aus dem 13. Jh. zu bewundern. Von nun an sind es nochmals 5 km bis **Magadino**, unserem Tagesziel.

Radverleih und Radtransport
Maccagno bei *Luino*: »Rent a bike«, Dulce Bar, Via Acqua Dulce, ✆ (03 37) 40 33 44. Das Rad kann auf der Strecke Laveno – Luino – Bellinzona per Bahn transportiert werden.

Übernachtungen unterwegs
Italien: *Luino*: mehrere Hotels, z.B. Hotel Ancora; Locanda del Pesce. *Colmegna*: Camin Hotel. *Maccagno-Inf.*: Albergo Torre Imperiale. *Maccagno-Sup.*: Albergo Rist. Italia; Pensione Rist. Paradiso. Schweiz: *Gerra-Riva*: Albergo Panorama; Pizzeria Al Portico. *San Nazzaro*: Hotel Rist. Cedullo und drei weitere Hotels. *Magadino*: Hotel San Gottardo, ✆ 7 95 10 76; Albergo Favini, ✆ 7 95 15 52.

Einkehrmöglichkeiten
siehe Übernachtungen. Außerdem: *Caldé*: Rist. Piccolo Caldé. *Luino:* zahlreiche Pizzerien und Cafés am Lido.

Öffnungszeiten
Cerro: Museo della Ceramica im Palazzo Parabó, ganzjährig 14.30 – 17.30 (Juli/Aug. 15.30 – 18.30) Uhr. *Luino*: Palazzo Rossi, Mi/So 15.30 – 18.30, ✆ (03 32) 53 15 50.

Auskunft
I-21014 Laveno: I.A.T., Piazza Italia 2, ✆ (03 32) 66 80 10, 66 66 66. I-21016 Luino: I.A.T., Viale Piero Chiara Scrittore 1, ✆ 53 00 19, Mo – Sa 9 – 12, 15 – 18.45 Uhr. I-21017 Maccagno-Inf.: Informazioni turistiche, Viale Garibaldi, Mo/Di/Do/Fr 9.30 – 12.30, 15.30 – 18.30, Sa 9.30 – 12.30 Uhr. CH-6575 San Nazzaro: Info-Tafel an der Post, ✆ 7 94 11 06. CH-6574 Cambarogno: Ente turistico, ✆ 7 95 12 14.

Kombinationen
Tour 15 bildet die 4. Etappe der Umfahrung des Lago Maggiore. Mit der Kombination Tour 10 – Autofähre Intra-Laveno – Tour 15 kann man den nördlichen Teil in 2 Tagen umfahren. Von Luino aus kann Tour 14 eingebaut werden (oder von Laveno in Gegenrichtung).

Landkarten
LKS 1:50 000, Blatt-Nrn. 276, 286, 296.

16 Piano di Magadino: zur Hauptstadt des Ticino

Magadino – Giubasco – Bellinzona – Sementina – Gudo – Cugnasco – Tenero – Minusio – Muralto – Locarno

 **Ausgangsort und Anfahrt**
Magadino. Hierher von Locarno mit dem Schiff (ab 09.10, 10.10 Uhr) oder von Bellinzona mit der Bahn.

 Zielpunkt und Rückfahrt
Locarno. Rückkehr nach Magadino von Gugnasco mit dem Rad (Rundtour) oder mit dem Schiff von Lugano (Stundentakt).

 Gesamttourenlänge
45 km. 36 km Asphalt, 9 km Schotter.

 Zeitbedarf
5 Std. Fahren, 1 Std. Besichtigen.

 Etappen
Magadino – Bellinzona: 19 km; Bellinzona – Locarno: 26 km.

Steigungen und Gefälle
32 Höhenmeter auf und ab.

Geländestruktur
3 km breite und 11 km lange Schwemmlandebene, die größtenteils durch Industrie und Obstplantagen kultiviert ist, am Ticino und dessen Mündung in den Langensee aber auch ausgedehnte Biotope an Riedgräsern und Auwald besitzt.

Sehenswertes
Magadino: S. Carlo (19. Jh.) mit einer Pietà von Ciseri. *Bellinzona*: Castello di Montebello (15. Jh.); Castel Grande (13. Jh.); Piazza Nosetto (lombardische Arkaden, 15. Jh.); Palazzo Communale; Maria delle Grazie (15. Jh.); Pfarrkirche S. Biagio (14. Jh.); Chiesa Collegiata (16. Jh.).

Zu beachten
1. Nach dem Verkehrskreisel in Giubasco in der Via Borghetto kurze Einbahnstrecke.
2. Der Abzweig in Gudo befindet sich an einer Abfahrtsstrecke und kann leicht übersehen werden.
3. Die Tour ist besonders für Wochenenden zu empfehlen.

Varianten
Die breite Magadino-Ebene läßt vor allem auf der Hinfahrt nach Bellinzona beliebige Varianten auf den zahlreichen Wirtschaftswegen zu.

Das **Piano di Magadino** entstand in der Nacheiszeit, nachdem sich der Spiegel des Lago Maggiore gesenkt hatte und aus der Leventina, Riviera und Mesolcina gewaltige Geröllmassen und Gebirgsschutt hinausgeschwemmt wurden. Bis 1515 konnte man das Schwemmland rege für die Landwirtschaft nutzen. Dann verwüstete der Bergsturz von Biasca das Land. Waldrodungen hatten zunächst Wassermangel zur Folge, später Versumpfung durch das geringe Gefälle des Ticino. Die Sümpfe begünstigten Malariaepidemien. Mit dem Bau der Bahn von Bellinzona nach Locarno im Jahre 1885 wurde der Lauf des Ticino begradigt und damit eine Melioration

eingeleitet, die in 28jähriger Arbeit das Sumpfgebiet bis auf geringe Reste trockenlegte. Auf dem Gelände konnten nun, begünstigt durch das milde Klima, Mais, Gemüse und Obst angebaut werden, so daß die Magadino-Ebene zum fruchtbarsten Gebiet des Tessins wurde. In manchen Jahren fahren die Bauern zwei Ernten ein. Neben der Landwirtschaft hat sich am Südrand Industrie großflächig niedergelassen.
Für uns Radfahrer sind aber vor allem die Biotope von Interesse, die die landwirtschaftliche Kultivierung besonders im Mündungsgebiet des Ticino ausgespart hat. Hier gedeihen Wasserpflanzen und

Das Piano di Magadino eignet sich vorzüglich zum Genußradeln mit Kindern.

Riedgräser in hohem Artenreichtum. Schon auf der Karte erkennt man, wie hier der Ticino zusammen mit der Verzasca ein breites Mündungsdelta bildet, mit dem das Land in Gestalt vieler Wasserarme, Au- und Buschwald und einem großen Sumpf- und Schilfgürtel allmählich in den See übergeht. So oder ähnlich mag bis vor hundert Jahren die ganze Ebene ausgeschaut haben. Gleich am Anfang unserer Tour können wir dieses Naturschutzgebiet *Bolette* erleben, indem wir 1 km östlich von **Magadino** nach einer stillgelegten Tankstelle bei der *Scuola Mottoscafi* links abbiegen (kein Ww.) und zwischen stehendem Sumpfwasser auf einem Lehrpfad fahren. Nach 600 m

schwenken wir rechts auf den großen Deich ein, der den Ticino zähmt (Ww. »Sentiero Magadino«).
Nach Unterquerung der Autostraße und Eisenbahn zweigen wir rechts auf einen Wirtschaftsweg ab. (Man kann auch geradeaus weiterfahren: siehe »Varianten«.) Auf dem Netz kleiner, asphaltierter Straßen biegen wir vor der Bahn links und danach nochmals links ab. Wer lieber Asphalt im Anblick von Agricultura mag, zweigt hinter einer Brücke rechts auf die *Ala Mota di Zopp* und radelt 3 km, bis die kleine Straße T-förmig auf eine Querstraße trifft, der man rechts folgt. Wer dagegen lieber Auwald sehen will, rollt noch 300 m weiter, wo er nach rechts neben

Renaissance-Glanzpunkt der Capitale ticinese: der Innenhof des Palazzo Communale mit seinen Arkaden und dem Torre.

einem Kanal in schwachen Krümmungen auf einem Feldweg fahren kann. Nach Überquerung einer Autostraße fährt man beim zweiten Asphaltweg rechts. Beide Möglichkeiten vereinen sich nun wieder. Der erste Abzweig links bringt uns auf gerader Linie in das Vorfeld von **Bellinzona**. Nach Überquerung der Autobahn und eines Flüßchens fahren wir an der Kreuzung (Ampel) rechts, unterqueren den Bahnhof **Ciubasco** und gelangen in einer T-Mündung zur Autostraße von Lugano. Hier radeln wir links 300 m bis zum Verkehrskreisel. An ihm benutzen wir die Fußgängerüberwege und fädeln uns in die *Via Borghetto* ein, deren Anfang eine Einbahnstraße ist. Nach 1,5 km leichter Bergabfahrt erreichen wir **Bellinzona** und biegen kurz vor der Bahnunterführung rechts auf eine Nebenstraße, an welcher rechts die dreischiffige Pfeilerbasilika *S. Biagio* aus dem 13. Jh. steht. Hierher sollte man bis kurz nach 11 Uhr gekommen sein, um die Kirche betreten zu können. Gegenüber dem Gleisbett sieht man die kleine *Chiesa S. Maria della Grazie*, welche die bedeutendsten lombardischen Fresken des Tessins beherbergt. Über die *Piazza*

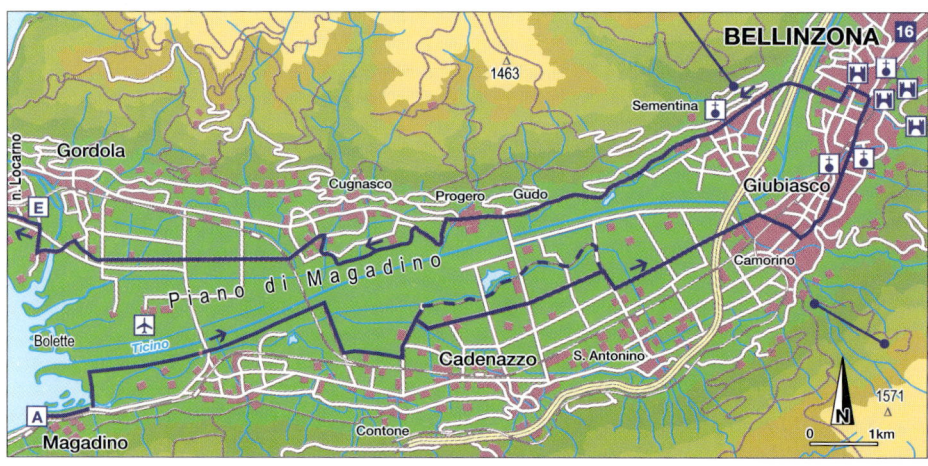

Indipendenza kommen wir zur malerischen *Piazza Nosetto*, die mit ihren Arkaden den Anblick der rechts und links stehenden Castelli mildert und aufheitert. Zusammen mit dem noch weiter rechts knapp 400 m hoch gelegenen *Castello di Sasso Corbaro* bilden diese drei Castelli mit ihren Türmen, Zinnen und meterdicken Mauern einen Kranz von Burgen, der fast martialisch wirken könnte, wenn er nicht durch die mediterrane Flora aufgeheitert würde. Auf jeden Fall begreifen wir, daß diese Schlüsselstellung zwischen Italien im Süden und den Gebieten nördlich der Alpen seit dem Mittelalter von allen Herren, die hier regierten, gesichert und befestigt wurde und daß auf Grund dieser Vergangenheit **Bellinzona** mit Recht die Hauptstadt des Tessin ist.

An der *Piazza Nosetto* steht der profane Glanzpunkt der Capitale ticinese: der *Palazzo Communale*. In dem Verwaltungszentrum seit dem 17. Jh. präsentiert sich der Innenhof mit seinen Doppelarkaden und historischen Darstellungen als ein Prunkstück später Renaissance-Architektur. Begibt man sich ein Stück westlich zur *Piazza Governo*, kann man das *Castel Grande* von unten in seinem massigen Aufbau studieren. Dieser Platz ist der letzte von sechs Piazze, die Bellinzonas Innenstadt beleben. Wir fahren nun rechts und folgen dem Ww. »Locarno«, überqueren den Ticino und fahren 5 km lang auf der Autostraße am Fuß von Weinbergen in leichtem Bergauf und Bergab über **Sementina** nach **Gudo**.

Kurz nach Beginn einer Abfahrt zweigt nach links (Ww. »Camping«) ein Radweg ab, der uns in wechselnden Richtungen, vorbei an **Cugnasco** nochmals durch das große Piano führt. Man folge immer den Rad-Ww. Nach Unterquerung der Bahn radelt man 3 km schnurgeradeaus. Danach unterfährt man zweimal die Auto-

bahn. Lassen Sie sich nicht von den Zufahrten zu den Campingplätzen verleiten, an den See zu fahren, sondern bleiben Sie rechts von ihm. Nachdem die Autobahn ein drittes Mal gequert worden ist, diesmal auf einer Brücke, führt ein neuer Fuß- und Radweg zwischen See und alten Mauern 4 km bis ins Herz von **Locarno**.

Radverleih
Locarno: Siehe Tour 2. *Cadenazzo*: Stazione SBB/FFS, ☏ 1 57 22 22. *Bellinzona*: Stazione SBB/FFS, ☏ 8 21 72 44. *Tenero*: Stazione SBB/FFS, ☏ 7 45 12 54.

Übernachtungen unterwegs
Magadino: Hotel Favini, ☏ 7 95 15 52. *Cadenazzo*: Motel Rist. Monna Lisa, ☏ 8 58 13 06. *Bellinzona*: 9 Hotels, z.B. Albergo Unione, ☏ 8 25 55 77; Albergo Rist. Gamper, ☏ 8 25 37 92. *Gordola*: 4 Hotels, z.B. La Rotonda, ☏ 7 45 36 35. *Tenero*: 5 Hotels, z.B. Stella d'Oro, ☏ 7 45 29 49.

Einkehrmöglichkeiten
Bellinzona: zahlreiche Ristoranti.

Öffnungszeiten
Bellinzona: Museo Civico im Castello di Montebello, Museo dell'arte im Castello di Sasso Corbaro, Museo di Castelgrande: alle drei ganzjährig Di – So 9 – 12, 14 – 17 Uhr; S. Biagio, tägl. 7.30 – 11.30, 14.30 – 17.30 Uhr.

Auskunft
CH-6500 Bellinzona: Ente Ticinese per il turismo, ☏ 8 25 70 56, Mo – Fr 8 – 12, 13.30 – 17.30; Bellinzona e dintorni, Palazzo Communale, ☏ 8 25 21 31, Mo – Fr 8 – 12, 13.30 – 18.30 (im Sommer 8 – 18.30), Sa 9 – 12 Uhr. CH-6598 Tenero: Ente turistico, Via al Giardino, ☏ 7 45 16 61, Mo – Fr 9 – 12, 14 – 18 Uhr.

Kombinationen
Diese Route schließt unmittelbar an Tour 15 an. Sie können die Route aber auch in Bellinzona (Tour 7) oder Gordola (2) beginnen.

Landkarten
LKS 1:50 000, Blatt-Nr. 276.

Im Gebiet der Luganer Voralpen und des »Ceresio«

17 Val Vedeggio: viel Industrie, aber auch alte Dörfer

Rivera – Bironico – Camignolo – Mezzovico – Sigirino – Taverne – Torricella – Bedano – Gravesano – Manno – Cadempino – Lamone

 Ausgangsort und Anfahrt
Stazione Rivera-Bironico. Hierher mit der SBB von Bellinzona oder Lugano.

 Zielpunkt und Rückfahrt
Stazione Lamone. Rückfahrt mit der SBB (Stundentakt).

 Gesamttourenlänge
17 km. Alles Asphalt.

 Zeitbedarf
3 Std. Fahren, 2 Std. Besichtigen.

 Etappen
Rivera – Taverne: 9 km; Taverne – Lamone: 8 km.

 Steigungen und Gefälle
76 Höhenmeter auf; 260 Höhenmeter ab.

 Geländestruktur
Im oberen Teil schmales, im unteren Teil breites Trogtal, das in einen Ausläufer des Lugano Sees mündet. Die Berge beidseits des Tales steigen bis 2000 m im Westen bzw. 1600 m im Osten an.

 Sehenswertes
Bironico: Casa dei Sindicatori (1576, Innenhof: Loggien, Wappen); S. Giovanni e Martino. *Mezzovico*: S. Mamete (1055/15. Jh., romanischer Campanile). *Sigirino*: malerischer Ortskern; S. Andrea (17. Jh.). *Lugano*: siehe Tour 18.

 Varianten
1. In Taverne über Torricella-superiore fahren.
2. Von der Kreuzung nach Manno über Vezia zur JH in Lugano-Crocifisso.

Der Höhenzug der Tessiner Voralpen beiderseits des **Monte Ceneri** teilt das Tessin in zwei sehr unterschiedliche Landesteile: das nördliche **Sopraceneri** und das südliche **Sottoceneri**. Das Sopra (»oberhalb des Ceneri«): kristallin im Gestein, ausgeformt vom mächtigen Tessin-Gletscher, schlichte Campanili aus grauem Gneis. Dagegen das Sotto (»unterhalb des Ceneri«): Kalkgestein, Ausfurchung des langen östlichen Arms des Luganer Sees durch den Adda-Gletscher, phantasievolle Renaissance- und Barockarchitektur.

Mit dem Beginn der Tour 17 befahren wir das Sottoceneri. Unser Ausgangspunkt, die Stazione **Rivera-Bironico**, liegt unmittelbar hinter dem Ausgang des Tunnels, der den Paß Monte Ceneri unterquert. Wer mit der Bahn von Bellinzona

aus hier eintrifft, erlebt den Unterschied zum Sopraceneri sehr deutlich. Blickten wir vor dem Tunnel noch auf die fruchtbare, 200 m tiefer liegende Magadino-Ebene (Tour 16), so befinden wir uns jetzt 471 m hoch in einem engen Alpental. Dieses Tal durchziehen drei Verkehrsstränge: Eisenbahn, Kantonsstraße und Autobahn. Wegen der ausgezeichneten Verkehrsanbindung hat sich vom Tunnelausgang bis zum Luganer See viel Industrie entwickelt. Unbeschadet davon haben die alten Dörfer an den Talrändern ihre Häuser, Kirchen und Kunstschätze im wesentlichen bewahren können.

Wir verlassen den Bhf. **Rivera-Bironico** nach links auf der Autostraße Richtung Lugano. Gleich 400 m nach der Stazione steht rechts die 1576 erbaute *Casa dei*

Landvogtei (auch *Casa Sindicatori* genannt). Im Innenhof befinden sich schöne Loggien mit über 100 Wappen von Landvögten in der oberen Arkadenreihe. Der zweite Abzweig nach links (Ww. »Isone«) bringt uns zunächst zur zierlichen Kirche *S. Giovanni e Martino*, die aus dem 13. Jh. stammt. Von der Kirche fahren wir zurück und dann rechts hoch in den alten Ortskern von **Bironico**.

Am Fuße eines Berghanges gelangen wir zum benachbarten **Camignolo**. In dem alten, malerischen Ortskern müssen wir erst mal suchen, wie wir weiterkommen. Wenn wir auf den Ww. »San Ambrogio« treffen, folgen wir ihm nicht nach links, sondern fahren rechts hinunter. Wir treffen auf eine Nebenstraße, die zwischen einem Berghang, auf dem die Wallfahrtskirche steht, und maroden Industrieanlagen hindurchführt. Schließlich überqueren wir alle Verkehrssträge (Bahn, Fluß, Autobahn und Straße) und fahren dann links. An der Straße steht links die aus dem Jahr 1055 stammende *Chiesa S. Mamete* mit einer eigenwilligen Architektur. An dieser Stelle zweigt halbrechts (Ww. »Mezzovico«) eine kleinere Straße ab, auf der wir in das Dorf gelangen. Danach rollen wir in einer langgezogenen Linkskurve wieder auf die Autostraße. Wer sich für den alten Ortskern von **Sigirino** interessiert, kann 800 m später rechts hinauftreten und auf der gleichen Straße zurückrollen. Im Normalfall rollen wir auf der Autostraße 3 km bergab; diese ist zwar verkehrsreich, besitzt aber einen abgetrennten Radstreifen.

Nachdem wir einen Berghang in einer langgezogenen Rechtskurve umfahren haben, zweigt in **Taverne** rechts die Zufahrt nach **Torricella** ab. Wir können nun wählen, ob wir gleich wieder links abbiegend über **Torricella-inferiore** bis Bedano im Tal bleiben oder ob wir geradeaus,

Von dem am Hang gelegenen Torricella-superiore mit seinem Campanile schaut man in das tiefer gelegene Val Vedeggio.

später kräftig bergauf strampelnd, den alten, verwinkelten Ortskern von **Torricella-superiore** anpeilen. In **Bedano** vereinen sich beide Varianten. Hinter dem Dorf geht es rasant abwärts, aber gerade deshalb sollten wir aufpassen: Bei einer scharfen Linkskurve müssen wir die Hauptstraße geradeaus verlassen und durch **Gravesano** den Weg nach **Manno** suchen. In beiden Ortskernen erfordert die Wegerkundung u.U. Nachfragen bei der einheimischen Bevölkerung. In Manno halte man sich an die *Strada Regina* und die *Via San Rocco*; es geht immer links hinunter.

Wir treffen an einer verkehrsreichen Kreuzung wieder auf die Kantonalstraße. Am

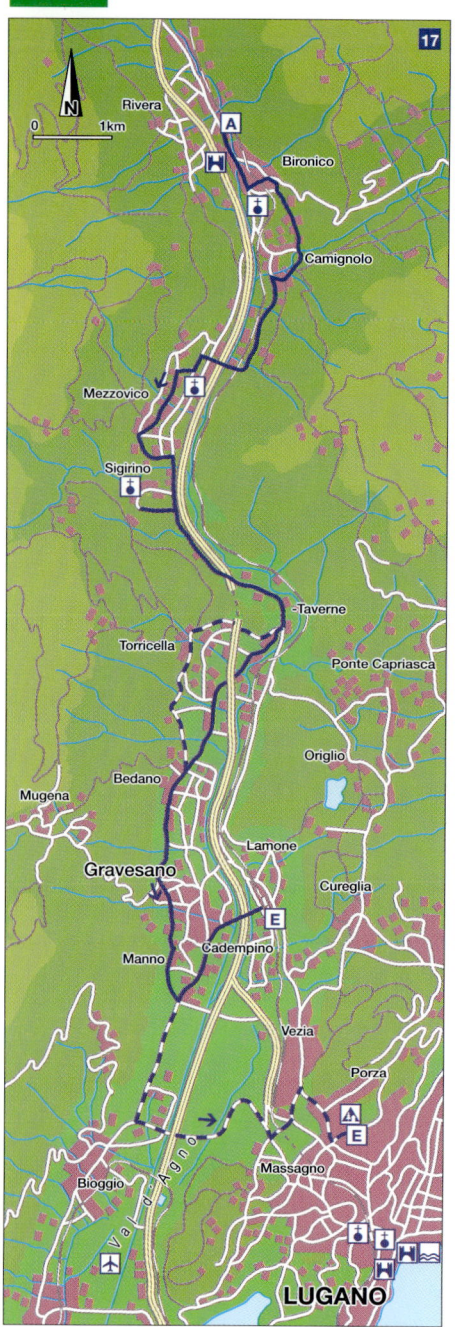

besten ignorieren wir erst einmal die Staus, fahren links und bleiben auch auf dem linken Radstreifen, bis sich auf der weniger befahrenen, von **Cadempino** kommenden Straße eine Gelegenheit zum Seitenwechsel ergibt. Hier sehen wir das, was die Geographen eine »Überbauungslandschaft« nennen: Werkstätten, Lagerhallen, Autostaus, weiter im Süden einen Flugplatz. 700 m nach der Kreuzung geht es bei einem Kreisverkehr halbrechts (Ww. »Bellinzona, Lugano«) über Fluß und Autobahn zur Stazione **Lamone**, von wo wir die Räder im Regionalzug nach Lugano oder Bellinzona transportieren lassen können.

Radverleih
Lugano: Stazione SBB/FFS, ☎ 9 23 66 91; Ciclorama, ☎ 9 66 60 64.

Übernachtungen unterwegs
Rivera: Hotel Elvezia, ☎ 9 46 46 27; Hotel della Posta, ☎ 9 46 14 40. *Mezzovico*: Blue River, ☎ 9 46 27 31; Motel, ☎ 9 46 27 32. *Taverne*: Hotel Taverne, ☎ 9 45 41 56. *Lugano-Savosa*: JH, Via Cantonale 13, ☎ 9 66 27 28, 120 Betten.

Einkehrmöglichkeiten
Bironico: Rist. Bironico, Antica Osteria. *Mezzovico*: Rist. S. Uberto. *Taverne*: 8 Ristoranti.

Öffnungszeiten
Lugano: Museo d'arte del Cantone Ticino, Palazzo Reali, Via Canova 10: Mi–Sa 10–12, 14–18, So/Di 14–18 Uhr; Museo d'arte moderne, Villa Malpensata, Riva Caccia 5: Di–So 10–12, 14–18 Uhr; Naturhistorisches Museum, Viale Cattaneo 4, im Parco Civico: Di–Sa 9–12, 14–17 Uhr.

Auskunft
CH-6901 Lugano: Ente Turistico, Riva Albertolli 5, ☎ 9 21 46 64.

Kombinationen
Im Anschluß an Tour 17 können die Touren 18 und 19 befahren werden.

Landkarten
LKS 1:50 000, Blatt-Nr. 286.

18 Durch das Val Colla nach Lugano

Maglio di Colla – Val Colla – Lopagno – Tesserete – Lugaggia – Sureggio – Lugano

 Ausgangsort und Anfahrt
Maglio di Colla (820 m). Hierher mit eigenem PKW.

 Zielpunkt und Rückfahrt
Lugano (273 m). Mit PTT, Kurs 633.29 über Tesserete (umsteigen in Kurs 633.33) zurück nach Maglio di Colla, ☎ 8 07 83 06, 8 07 85 20.

 Gesamttourenlänge
19 km. Alles Asphalt.

 Zeitbedarf
1 bis 2 Std. Fahren, 3 bis 5 Std. Besichtigen (Lugano).

 Steigungen und Gefälle
32 Höhenmeter auf; 550 Höhenmeter ab.

 Geländestruktur
Schmales und steiles Erosionstal, in welchem sich wegen seiner Isoliertheit kaum Siedlungen befinden. Im 2. Teil Fahrt auf dem Westhang des Cassarate-Tales etwa 100 m über der Talsohle. Auf dem Schwemmland der Cassarate in den Luganer See liegt das neue Lugano.

 Sehenswertes
Tesserete: S. Stefano (15. Jh.) *Lugano*: Palazzi: Riva (an der Via Pretorio), Riva (an der Piazza Manzoni), Villa Ciani (im Parco Civico), Albertolli und Palazzo Riva (16./17. Jh., Via Canova), Palazzo Civico (1840) u.a.; Kirchen: S. Antonio Abate (17. Jh.), S. Roco (1592), S. Lorenzo (9./15. Jh., unterhalb des Hbf.), S. Maria degli Angioli (1490). Ausführlicher Stadtplan beim Verkehrsamt (s.u. »Auskunft«).

 Varianten
1. Oberhalb Canobbio am Pkt. 418 der LK links hinunter auf die Talsohle und durch die Vororte Luganos ins Zentrum.
2. 1,2 km weiter an der Kreuzung unterhalb Porza rechts in die *Via Borsani Velti* abbiegen und über Savosa in die *Via Cantonale* (JH!).

Die *Cassarate* durchfließt zwei Täler recht unterschiedlicher Physiognomien: Das obere **Val Colla** liegt isoliert, ist steil und schmal, ohne Besiedlung, erst seit 1950 durch ein Sträßchen erschlossen – das untere **Cassaratetal** verbreitert sich 5 km vor Lugano, ist am Osthang dicht besiedelt und im Talgrund auch mit Industrie versehen. Für uns Radfahrer ergibt sich daraus eine klare Strategie: Für das Val Colla benutzen wir das Talsträßchen: wilde Landschaft, kaum Autos, 300 m Gefälle. Für das untere Cassaratetal bleiben wir am Westhang: keine Industrie, viel Wald, gemächliches Bergabrollen.

Bleibt als Problem: Wie bringen wir das Rad an den Anfang unserer Tour? Einzige Möglichkeit: das eigene Auto. Mit ihm fahren wir auf der linken (östlichen) Hangseite des Cassaratetals durch die Dörfer **Davesco-Soragno – Dino – Sonvico** hinauf Richtung **Bogno**. Die Fahrt von Sonvico nach **Maglio di Colla** ist dabei sehr eindrucksvoll: Aus knapp 900 m Höhe schauen wir auf die alten Dörfer **Treggia, Bidogno** und **Albumo** auf der gegenüberliegenden Talseite. Sie gehörten im Mittelalter zum Erzbistum Como.

In **Maglio di Colla** (820 m) stellen wir das Auto ab (P gegenüber der Post) und laden die Räder aus. Um nach Beendigung der Tour wieder an den eigenen Wagen zu gelangen, können wir den Postbus von Lugano über Tesserete (umsteigen!) nach Bogno benutzen, der in Maglio di Colla einen Bedarfshalt hat. Man kann auch schon am Nachmittag vor der Tour Auto und Räder in das Tal bringen, denn in Maglio di Colla gibt es preisgünstige Übernachtungsmöglichkeiten.

Knapp 6 km zum Teil steile Abfahrt erwarten uns nun, wenn wir in Maglio starten. Nach 2 km – inzwischen haben wir die Talseite gewechselt – sollten wir trotz der verlockenden Schußfahrt anhalten: Da sehen wir nämlich auf der gegenüberliegenden Seite das pittoreske Dorf **Curtina**, etwas für Fotofreunde! Nach weiteren 3 km herrlicher Abfahrt steigt die Straße überraschenderweise leicht an. Das hat seine Ursache darin, daß sie die Talsohle verläßt,

um uns über **Oggio** und **Lopagno** nach **Tesserete** zu bringen; hier führen Straßen in alle vier Himmelsrichtungen.

Am Kreisverkehr fahren wir links Richtung Lugano. Die Kirche *S. Stefano* im Zentrum hat schon lange unsere Aufmerk-

Curtina auf der anderen Talseite des Val Colla: pittoreskes Tessindorf am Hang.

samkeit erregt. Der hochgezogene, sie-
bengeschossige Chor hebt sich von dem
viel niedrigeren Mittelschiff ab. Vermutlich
war das gesamte Kirchenschiff in Höhe
des Chores geplant, wurde aber nie vollendet. Überhaupt weist die Chiesa ver-

schiedene Bauabschnitte auf. Chor und
Schiff wurden im 15. Jh. errichtet,
während der Turm vom Vorgängerbau
stammt. Turmspitze und Uhr wollen freilich nicht so recht zu den romanischen
Zwillingsfenstern passen.

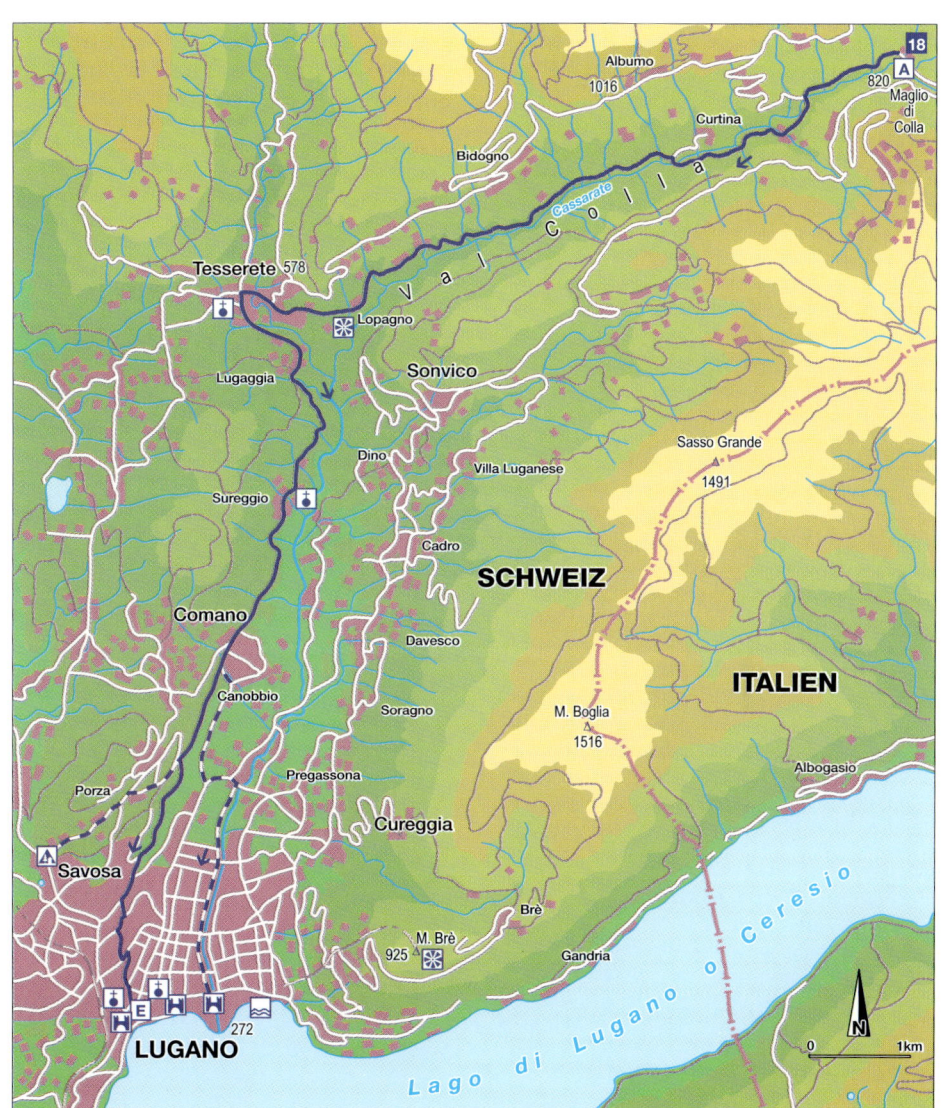

Über **Lugaggia** rollen wir nach **Sureggio**. Wer Sinn für besonders alte romanische Kirchen hat, kann 700 m hinter Lugaggia kurz nach einer scharfen Linkskurve (Brücke) an einem links stehenden Einzelhaus auf einem Feldweg zur *Chiesa S. Pietro di Surregio* gelangen. Der aus dem 9. Jh. stammende Bau, der im Innern fragmentarische Fresken enthält, gilt als einer der ältesten des Tales. Von **Surregio** fahren oder rollen wir nun 6 km lang hinunter nach **Lugano**. An beiden Kreuzungen am Hang fahren wir im Normalfall geradeaus (vgl. »Varianten«). Wer zur Jugendherberge will, wähle die zweite Variante. In Lugano suchen wir das Quartier unserer Wahl auf, wobei uns das Verkehrsamt am Ufer des Sees gewiß behilflich ist.

Die Talfahrt mit 550 m Gefälle auf 19 km Länge dauert auch mit den beiden Besichtigungen unterwegs höchstens einen Vormittag; den Nachmittag können wir der Besichtigung Luganos widmen. Der erste Eindruck, den wir noch unbeeinflußt von Fremdenverkehrsprospekten gewinnen, vermittelt einen Blick auch für die Schwächen einer Stadt. Bei allem Lob für den Charme dieser durch ihre Lage so sehr gesegneten Stadt Lugano, so ganz widersprechen kann man Tita Carloni nicht, die in scharfer Kritik feststellt, »daß sich die einstige Wohnstadt in eine Banken- und Dienstleistungsfestung verwandelt hat, in der sich Macht und Reichtum manifestieren«. In der Tat: Fährt man mit einer der fast 100 Jahre alten Standseilbahnen auf den *Monte Brè* (925 m) oder den *San Salvatore* (912 m) – Ausflüge, die unbedingt zu empfehlen sind! –, so sieht man das, was man in einem ausgedehnten Stadtrundgang an einem halben Dutzend Palazzi und Kirchen bewundert und bestaunt hat, nur noch versteckt und schüchtern hinter sechsstöckigen Hausfassaden moderner Nüchternheit hervorlugen: »landschaftsfressender, parzellierender Bebauungswahn ohne Rücksicht auf gewachsene Strukturen« (M. Wermelinger). Besorgen Sie sich im Verkehrsbüro in der *Riva Albertolli* am Nordufer einen kostenlosen Stadtplan und bummeln Sie drauflos! Mit der Diskrepanz zwischen schöner, alter Architektur und gläsernen Banken versöhnt man sich wieder, wenn man im *Parco Civico* oder im *Giardino Belvedere* schlendert und auf den bergumrahmten See blickt.

Radverleih
Bogno: Locanda San Lucio, ☎ 9 44 13 03. *Lugano*: Stazione SBB/FFS, ☎ 9 23 66 91.

Übernachtungen unterwegs
Bogno: s.o. (Lager). *Maglia di Colla*: Rist. Washington, con alloggio (Lager). *Tesserete*: 3 Hotels, z.B. Hotel Tesserete, ☎ 9 43 24 44; Villa Aprica, ☎ 9 43 50 40. *Lugano*: über 20 Hotels, vorwiegend der oberen Preiskategorie. Das Verkehrsamt (s.u.) besitzt eine automatische Hotel-Reservierung. JH: siehe Tour 17.

Einkehrmöglichkeiten
Maglia di Colla: s.o. *Oggio*: Rist. Grotto Figiano. *Tesserete*: Zwei Ristoranti.

Öffnungszeiten
Lugano besitzt 10 Museen. Ihre Öffnungszeiten sind in der Regel Di–So 10–12, 14–17 Uhr.

Auskunft
CH-6950 Tesserete: Ente Turistico Valli di Lugano, ☎ 9 43 18 88, Mo–Fr 8–12, 14–18, Sa 9–12 Uhr. CH-6901 Lugano: Ente Turistico, Riva Albertolli 5, ☎ 9 21 46 64, Mo–Sa 9–17 Uhr.

Kombinationen
Die Touren 17 und 18 enden, die Tour 19 beginnt in Lugano.

Landkarten
LKS 1:50 000, Blatt-Nr. 286.

19 Berühmte Namen: Lugano – Paradiso – Melide – Morcote – Figino

Lugano – Paradiso – Melide – Morcote – Arbòstora – Figino

 Ausgangsort und Anfahrt
Lugano, Navigazione Lago, Piazza Rezzonico. Hierher mit dem Rad oder Stadtbus, Linie 1 oder 9.

 Zielpunkt und Rückfahrt
Rückfahrt mit Postauto aus Carabietta oder dem eigenen Rad.

 Gesamttourenlänge
17 km. Alles Asphalt.

 Zeitbedarf
2 Std. Fahren, 2 Std. Besichtigen.

 Etappen
Lugano – Melide: 7 km; Melide – Figino: 10 km.

 Steigungen
Keine.

Geländestruktur
17 km Uferfahrt am anfangs felsigen Steilufer des Luganer Sees. Dabei wird der Höhenzug San Salvatore (912 m) – Monte Arbòstora (822 m) umfahren.

Sehenswertes
Lugano: siehe Tour 18; Belvedere-Park mit Skulpturen. *Paradiso*: Parco Guidino superiore am Fuß des Monte San Salvatore. *Melide*: »Swissminiatur«; Pfarrkirche S. Quirico e Giulietta (18. Jh.). *Morcote*: S. Maria del Sasso (1462, 1758, Orgel und Fresken), Denkmalfriedhof; Palazzo Paleari (1537); Casa Buzzi; Parco Scherrer. *Carona*: S. Giorgio (um 1500, Fresken); Ortskern mit Sgraffiti, Reliefs und Fresken; S. Marta (außerhalb auf einem Hügel); Wallfahrtskirche Madonna d'Ongero (17. Jh.), 1 km Richtung SW im Wald.

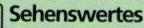 **Varianten**
1. Von Paradiso über Pazallo und Carabbia nach Carona (s.o. »Sehenswertes«). Fahrt bis auf 680 m, dann Abfahrt über Vico Morcote nach Morcote. (+ 400 m Anstieg und Abfahrt, +2 Stunden)
2. Von Melide mit dem Schrägaufzug nach Carona.

Wählt man eine der beiden Varianten, trifft man in Carona auf alte Balkone, an denen Maiskolben getrocknet werden.

Soweit Vergleiche in einer so vielgestaltigen Landschaft wie der an den Tessiner Seen überhaupt statthaft sind: Tour 19 ist eine Tour der Superlative! 17 km Uferfahrt am Fuß steiler Hänge – Parkanlagen von vollendeter Gestaltung – alte Palazzi und Kirchen – der Luganer See: Wasser, Licht und Spiegelungen ... was will man mehr?
Gleich der Auftakt ist faszinierend. Von der *Navigazione*, der Ablegestelle der ganzjährig verkehrenden Kursschiffe, be-

Von der Pfarrkirche Santa Maria del Sasso blickt man auf das Häusergewirr von Morcote: »Schatzkästlein des Tessins«.

geben wir uns am Uferweg der *Riva Vincente Vela* nach Süden. »Begeben uns« – das heißt hier zwangsläufig »schieben wir die Räder«: erstens wegen der vielen Flanierenden, zweitens wegen der eigenen Schaulust. In der Ferne die Berge, rechts der San Salvatore, links der Monte Generoso und Monte Brè. In der Nähe die Boote, am Morgen auch Fischer auf dem See; auf der Promenade Akazien. So kommen wir zum *Giardino Belvedere*.

Nochmals eine Steigerung: Skulpturen moderner Künstler zwischen Blumenbeeten und exotischen Bäumen, eine Zeltdach-Komposition, eine anmutig »Liegende«, ein »windschiefes Pferd«, eine gespaltene Halbkugel, ein Balanceakt von Seevögeln – alles voller Phantasie. Nach dieser Ouvertüre schwingen wir uns auf die Räder und fahren am Fuße des Ortsteils *Paradiso* immer am Wasser entlang. Zwischen Felsen und Wasser zwängen sich Schiene und Straße 3 km bis **Melide**. Dieser malerische Ort, in dem der Renaissance-Maler Domenico Fontana 1543 geboren wurde, ist seit 1845 durch einen Damm mit **Bissone** am Ostufer verbunden. Eine Endmoräne des Adda-Gletschers aus der letzten Eiszeit, die nur 12 m unter dem Wasserpegel des ansonsten tiefen Sees liegt, wurde mit Granitfindlingen aufgeschüttet. Heute führen Autobahn, zweigleisige Bahn und Autostraße über den Damm. Aber auf seiner Südseite, lärmgeschützt durch den Straßendamm, liegen ausgedehnte Parkanlagen mit Pinien, Eukalyptus, Zypressen und Palmen. Mit dem Blick auf den Südteil des *Lago di Lugano* ist das eine ganz bezaubernde Oase. Im Ort selbst kann man außer der Barockkirche *S. Quirico e Giulietta* auch die Freiluftschau »Swissminiatur« besichtigen; letzteres eher etwas für Kinder als für Kunstliebhaber. Von Melide kann man mit einer Zahnradbahn hinauf in den berühmten Ort **Carona** (600 m) fahren (siehe »Sehenswertes«). Nochmals radeln wir 4 km auf der Uferstraße nach **Morcote**, dem »Schatzkästlein des Tessins«. Stellen Sie die Räder ab und bummeln Sie durch den Ort, an der Seefront der Patrizierhäuser und zum *Palazzo Paleari*. Der Reichtum des Ortes ist das Ergebnis einer »terra privilegata«, mit welcher Morcote sowohl unter dem Bischof von Mailand als auch unter den Eidgenossen sich eine gewisse Autonomie sichern konnte. Hinter der Post beginnt die steile *Scalinata*, auf der man zuerst zur Kapelle *S. Antonio Abate* von 1471, schließlich über die 1718 von Domenico Fossati erbaute Treppe zur Pfarrkirche *S. Maria del Sasso* gelangt. Hier weiß man nicht, was man mehr bestaunen soll: den spätromanischen Campanile, die Malereien im Innenraum oder den Blick über den See. Steigt man die *Fossati-Treppe* noch etwas höher, hat man den berühmten Blick, bei dem der Campanile im Hintergrund nur von Wasser umgeben ist.

Fast schon unfreiwillig komisch wirkt demgegenüber der Denkmalsfriedhof, auf dem sich Leute, die Rang, Namen und vor allem viel Geld besaßen, noch im Tode mit bombastischen Grabmälern zu übertrumpfen suchten. Versöhnlicher dagegen stimmt der *Parco Scherrer*: vollendete Parkarchitektur mit antikem Touch. Zurück zu den Rädern, radeln wir über **Arbòstora** 4 km weiter nach **Figino**, wo sich auf der gegenüberliegenden Talseite eine propre Jugendherberge befindet. Wer hier nicht nächtigen will, kann im Hotel Ceresio ein gepflegtes Quartier finden.

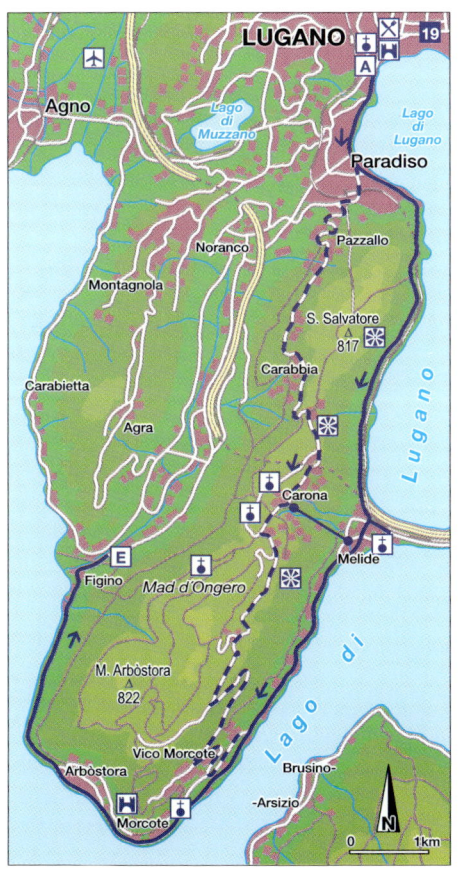

Radverleih
Lugano: Stazione SBB/FFS, ✆ 9 23 66 91. *Melide*: Stazione, ✆ 6 49 72 02.

Übernachtungen unterwegs
Lugano: siehe Touren 17 und 18. *Melide*: 11 Hotels, z.B. Al Boccalino, ✆ 6 49 77 67, und Garni Brander, ✆ 6 49 86 02. *Morcote*: 6 Hotels, z.B. Carina, ✆ 9 96 11 31. *Figino*: JH Casoro, ✆ 9 95 11 51, 160 Betten; Hotel Ceresio, ✆ 9 95 11 29.

Einkehrmöglichkeiten
Melide: zahlreiche Restaurants, z.B. Seehotel Riviera (Seeblick). *Morcote*: Rist.-Pizzeria Posta, Albergo Oasi. *Figino*: Rist. Ceresio.

Öffnungszeiten
Melide: Swissminiatur, März – Okt. tägl. 9 – 18 Uhr. *Morcote*: Parco Scherrer, 15.03. – 31.10. tägl. 9 – 17 Uhr (Di und Do Führungen).

Auskunft
CH-6901 Lugano: siehe Tour 18. CH-6815 Melide: Ente Turistico del Ceresio, Via Pocobelli 14, ✆ 6 49 63 83.

Kombinationen
Mit den Touren 19 bis 21 umfährt man den Luganer See.

Landkarten
LKS 1:50 000, Blatt-Nr. 286.

20 Um den Westarm des Lago di Lugano

Figino – Carabietta – Agno – Magliaso – Caslano – Ponte Tresa – Lavena – Brusimpiano – Porto Ceresio

 Ausgangsort und Anfahrt
Figino. Hierher mit dem Postauto Lugano – Carabietta.

 Zielpunkt und Rückfahrt
Porto Ceresio. Rückkehr mit dem Schiff nach Morcote.

 Gesamttourenlänge
27 km. Alles Asphalt.

 Zeitbedarf
3 Std. Fahren, 2 Std. Besichtigen.

 Etappen
Figino – Ponte Tresa: 15 km; Ponte Tresa – Porto Ceresio: 12 km;

 Steigungen und Gefälle
45 Höhenmeter auf und ab.

 Geländestruktur
Uferfahrt am Luganer See, größtenteils am Fuß 300–500 m hoher Steilhänge, teilweise in den Schwemmlandebenen der Zuflüsse auch durch besiedeltes Gebiet.

 Sehenswertes
Agno: Archäologisches Museum; Museum der Ponte Tresa Bahn. *Magliaso*: Castello di S. Giorgio (12./17. Jh., verfallen). *Caslano*: Kapelle S. Maria delle Grazie. *Porto Ceresio*: Uferpromenade. *Bisuschio* (Variante): Villa Cicogna Mozzoni (15./16. Jh., lombardische Renaissance) mit Park.

 Zu beachten
Personalausweis wegen des schweiz./ital. Zolls in Ponte Tresa mitnehmen.

Varianten
1. Wem die 27 km lange Uferfahrt zu kurz ist, der kann sie am Ziel um das breite, nach S führende Tal erweitern: Cantine – Cuasso – Bisuschio – Arcisate – Brenno – Useria – Besano – Porto Ceresio (eben, Nebenstraßen +16 km).
2. Von Arcisate aus Variante 1 weiter Richtung SW nach Varese zum Beginn der Tour 13.

Die Unregelmäßigkeit der Umrisse des **Lago di Lugano** (oder »Ceresio«) ist auffallend im Vergleich zu den übrigen Tessiner Seen: Im Westen ein nach Norden schwenkender 9 km langer Arm, der durch einen Kanal mit dem See von *Ponte Tresa* verbunden ist – nach Süden die beiden Zipfel von *Porto Ceresio* und *Riva San Vitale* – und nach Osten der 12 km lange Arm von *Porlezza*. Diese Umrißlinie entstand vor allem durch den aus dem Osten kommenden *Adda-Gletscher*, der in der dritten Eiszeit eine Mächtigkeit bis zu 1000 m besaß. Durch das heutige *Valtellina* und den nördlichen Comer See schob er sich nach Porlezza vor, schürfte hier die östliche Seewanne aus und mußte am Kalkstock des *San Salvatore* seine Fließrichtung ändern. Am *Monte San Giorgio* im Süden teilten sich die Eismassen und schufen die beiden Zungenbecken von *San Vitale* (Tour 21) und *Porto Ceresio*. Der westliche Arm wurde von einem zweiten Gletscher ausgehoben, der sich vom *Monte Ceneri* durch das *Val d'Agno* (Tour 17) nach Süden schob. Die Schmelzwasser beider Eisströme vereinigten sich in der Höhe von *Morcote*.
Das Ergebnis dieser Jahrzehntausende zurückliegenden Eisarbeit ist eine einzigartige Verzahnung von Berg- und Wasserlandschaft. Jeder Seeteil für sich wirkt fast wie ein Fjord. Vom Monte San Salvatore aus hat man einen hervorragenden Überblick über diese Kombination »mediterraner Fjorde«. Unsere heutige Fahrt gilt der Umgebung des westlichen Seeteils. Durch Täler wird unsere Strecke in drei Abschnitte geteilt: zuerst fahren wir am Fuß der **Collina d'Oro** entlang, dann durch das **Malcantone**, schließlich auf der italienischen Seite am Fuße des **Monte Piambello**.
Von **Figino** radeln wir auf der Uferstraße über **Carabietta** nach Norden. Rechts am

In Porto Ceresio, dem Ziel des Tages, spiegeln sich am Abend die Häuser friedlich im Lago di Lugano.

Hang stehen viele neuere Villen. Nach dem Ende des Sees fahren wir links (Asphalt-Ww. »Ponte Tresa«). **Agno** empfängt uns recht nüchtern mit Banken und Geschäftshäusern. Im Zentrum müssen wir links nach »Ponte Tresa« radeln; wer aber Interesse an Barockkirchen hat, kann rechts 100 m hinauf zur *Chiesa Collegiata* treten.

500 m nachdem See und Bahn linker Hand die Straße verlassen haben, biegen wir in **Magliaso** bei einer Agip-Tankstelle links zurück in die *Via Castellaccio*. An dieser Stelle steht in unserem Rücken auf einer Anhöhe das verfallene *Castello di S. Giorgio* aus dem 17. Jh., von dem aus früher die Straße Lugano – Ponte Tresa bewacht wurde. Die Kirche gleichen Namens steht links daneben. Die *Via Castellaccio* beschreibt eine allmähliche Rechtskurve, nach welcher wir das ruhige, freundliche Villenviertel *Campagna* durchfahren. Wiesen wechseln mit parkähnlichen Gärten. Vor **Caslano** ra-

deln wir rechts – links zur *Chiesa Parochiale*, deren Barockfassade in frappantem Gegensatz zum romanischen Campanile steht. Danach schwenken wir rechts in die *Via Stazione*. Nach 500 m steht rechts die zierliche Kapelle *S. Maria delle Grazie* mit einer freskengeschmückten Altarwand aus einer früheren gotischen Kapelle. Danach fahren wir links, wo sich das *Museo della Pesca* befindet. Wenn wir auf die *Via San Michele* treffen, radeln wir rechts auf ihr vor zur Straße nach **Ponte Tresa**, wo die Grenze einen schweizerischen und einen italienischen Ortsteil trennt.

Über **Lavena** gelangen wir in 20 Min. Fahrt nach **Brusimpiano**. Dieses alte Dorf bildet den architektonischen Höhepunkt unserer Tour. Gleich am Ortsanfang verlassen wir durch die *Martiri della Libertá* die Uferstraße nach rechts. Ob Einbahnstraße, ob steiler Anstieg: das kurze Schieben der Räder lohnt sich allemal. Auf verwinkelten Gassen, z.B. der *Via Gari-*

baldi, einer Tordurchfahrt, vielen Kurven und schmalen Durchlässen durchqueren wir den alten Dorfkern – eine mittelalterliche Häuserlandschaft. Schließlich geht es wieder steil hinunter an den See, wo uns der I-Punkt auf das Dorfensemble erwartet: die links liegende Kirche *S. Martino* mit ihrem romanischen Campanile. Gesättigt von soviel Urwüchsigkeit radeln wir noch eine halbe Stunde, zum Schluß unter einer lotrechten Felswand, nach **Porto Ceresio**. In der malerischen Ufersiedlung finden wir im *Albergo Al Ritrovo* preiswerte Unterkunft.

Radverleih
Agno: Hotel la Perla, ☏ 6 05 39 21; Pizzeria Cavagna, ☏ 6 05 15 05. *Caslano*: Ente Turistico (s.u.); Hotel Parcolago, ☏ 6 06 56 26.

Übernachtungen unterwegs
Schweiz: *Agno*: Hotel la Perla (s.o.); Casa Molinazzo, ☏ 6 05 18 77. *Caslano*: Hotel Parcolago (****) (s.o.). Italien: *Ponte Tresa*: Hotel dei Pini; Rist. Hotel du Lac. *Brusimpiano*: Rist. Parkhotel Al Platani, ☏ (03 32) 93 41 07. *Porto Ceresio*: Albergo Al Ritrovo, Via Mozzini 3, ☏ (03 32) 91 72 40; Residence al Lago, ☏ 91 75 80.

Einkehrmöglichkeiten
Wie oben bei »Übernachtungen«

Öffnungszeiten
Agno: Museo Plebano, April–Okt. Do/So 16 – 19 Uhr; Museum der Ponte Tresa Bahn, Di/Do 13.30 – 17 Uhr. *Caslano*: Museo della Pesca, Di/Do/So 14 – 17 Uhr. *Bisuschio*: Villa Mozzoni, April – Okt., So 9 – 12, 15 – 19 Uhr (Aug. tägl. 15 – 18 Uhr).

Auskunft
CH-6987 Caslano: Ente Turistico Malcantone, Piazza Lago, ☏ 6 06 29 86, 6 06 55 47, Mo – Fr 8 – 12, 14 – 18, Sa 9 – 12 Uhr.

Kombinationen
Tour 20 ist die 2. Etappe der Umfahrung des Lago di Lugano (19 – 21).

Landkarten
LKS 1:50 000, Blatt-Nrn. 286, 296.

21 Von Porto Ceresio zum Comer See: das Mendrisiotto

Porto Ceresio – Brusino-Arsizio – Riva San Vitale – Mendrisio – Rancate – Ligornetto – Stabio –Genestrerio – Novazzano – Chiasso – Masliànico – Cernobbio

Kaum eine gegensätzlichere Route kann man sich vorstellen als die Tour 21. Nach 10 km Uferfahrt an den schönen Steilhängen des südlichen Ceresio zur ältesten Kirche der Schweiz gerät man in das total urbanisierte **Mendrisiotto**. Diese alte Kulturlandschaft wurde seit 1900 mit lauten Verkehrssträngen, Industrie und Siedlungen buchstäblich zugepflastert. Symbolhaft steht etwas nördlich von Mendrisio **S. Martino** aus dem 9. Jh., die älteste Kirche des Sottoceneri, eingezwängt zwischen Autobahn, Eisenbahn und Lagerhallen – ein aussichtsloser Überlebenskampf alter christlicher Kultur gegen die moderne Welt der Produktion und Schnelligkeit. Die Geographen nennen eine solche Wucherung moderner Siedlungen und Verkehrswege eine »Überbauungslandschaft«.
Wie können wir Radfahrer einem solchen Alptraum entgehen? Das historische Mendrisio mit seinen Palazzi und dem Servitenkloster darf man nicht auslassen; zu ihm gelangt man aber nur durch den Industriegürtel. Auf der übrigen Route aber kann man Nebenstraßen benutzen, die durch alte Dorfkerne eines Seitentales und vorbei an Weinbergen nach Chiasso führen. Auf diese Weise müssen wir nur 7 km durch die »Überbauungslandschaft« fahren, das sind lediglich 20% der Gesamtstrecke.

 Ausgangsort und Anfahrt
Porto Ceresio, S. Ambrosio. Anfahrt mit dem Schiff von Lugano.

 Zielpunkt und Rückfahrt
Cernobbio. Zur Rückfahrt mit dem Fahrrad weiter bis Como und von dort per Bahn nach Lugano.

 Gesamttourenlänge
36 km. 35,7 km Asphalt, 0,3 km Schotter.

 Zeitbedarf
4 Std. Fahren, 4 Std. Besichtigen.

 Etappen
Porto Ceresio – Mendrisio: 15 km; Mendrisio – Cernobbio: 21 km.

 Steigungen und Gefälle
170 Höhenmeter auf, 240 Höhenmeter ab.

 Geländestruktur
Im ersten Drittel Uferfahrt zwischen den beiden Seebecken von Porto Ceresio und Capolago. Im zweiten Drittel 2 km breites Seitental mit alten Dorfkernen. Im letzten Drittel »Überbauungslandschaft« im Tal der Breggia.

 Sehenswertes
Brusino-Arsizio: Barockkirche S. Michele (15. Jh.). *Riva San Vitale*: Baptisterium S. Giovanni (um 500, ältester Sakralbau der Schweiz); Pfarrkirche S. Vitale (vor 962). *Mendrisio*: S. Martino (9. Jh., älteste Kirche des Sottoceneri); Servitenkloster an der Piazza S. Giovanni (1476), Klosterkirche S. Giovanni (1722); Palazzo Torriani (2 Innenhöfe mit Arkaden und Loggia); Via Vecchio Pretorio (alte Innenhöfe); Torre (12. Jh.); Palazzo Pollini (18. Jh.); *Novazzano*: S. Quirico e Giuletta mit stilreinem, romanischem Campanile und Loggia im Innenhof.

 Zu beachten
1. Personalausweis wegen zweimaligen Passierens des Zolls mitführen.
2. Die Route enthält einige Einbahnpassagen, die aber für Radfahrer passierbar sind.

 Variante
Von Genestrerio über Madonna – Villa – Balerna nach Chiasso (verkehrsreiche Straße, dafür Einsparung von 15 Höhenmetern Anstieg).

**Vom Torriani-Hügel überblickt man
Mendrisio mit der großen Barockkirche
San Cosmas e Damiano.**

Von **Porto Ceresio** radeln wir zunächst
4 km auf der Uferstraße mit schönem
Blick auf das gegenüberliegende Ufer von
Morcote. Am Beginn des alten Ortskerns
von **Brusino-Arsizio** fahren wir links
(Vorsicht, Einbahn!) auf der schönen Ufer-

promenade mit ihren malerischen Hausfassaden. Die zweite Kirche, **S. Michele**,
besitzt in der Chorkapelle ein Fresko mit
der Madonna del latte (15. Jh.). Dann
folgt eine schöne, halbstündige Uferfahrt
nach **Riva San Vitale**.
Dies ist der erste von drei Höhepunkten
unserer Tour. Zunächst begrüßt uns rechter Hand die prächtige Kirche **S. Croce**
aus dem Ende des 16. Jh. Der Baumeister
war möglicherweise Pellegrino Pellegrini,
der Architekt des Mailänder Domes.
Durch die alten Gassen mit ihren Arkaden
und Loggien in den Innenhöfen tasten wir
uns nach Süden. Wieder auf der Hauptstraße, steht etwas links zurück bei der
Pfarrkirche das Baptisterium **S. Giovanni**
aus dem 5. Jh., der älteste Sakralbau nicht
nur der Schweiz, sondern ganz Westeuro-
pas. Das Oktagon beherbergt in seiner
Mitte ein großes, ebenfalls achteckiges
Taufbecken aus einem hellen Gneisfind-
ling, das der Ganzkörpertaufe durch Un-
tertauchen diente. Das Baptisterium entstand noch vor dem Einfall der Langobar-
den in der Endphase des weströmischen
Reiches, als die Christianisierung im Süd-
tessin im wesentlichen abgeschlossen
war.
Wir verlassen San Vitale auf der Autostraße nach S. Nach 2 km fahren wir aus
einer Rechtskurve der Straße geradeaus
auf einen Wirtschaftsweg (Ww. »Impian-
to Mendrisio«). Es folgen 300 m Schotter,
dann radeln wir links – rechts – links unter
der Autobahn hindurch (Vorsicht, Einbahn!), bis rechts die zierliche Kirche
S. Martino, die älteste Kirche des Sottoceneri, eingezwängt zwischen Autobahn,
Lagerhallen und Parkplätzen, zu sehen ist.
Bei der T-förmigen Einmündung in eine
Querstraße radeln wir links, unter Eisenbahn und Kantonsstraße hindurch, nach
Mendrisio, unserem zweiten Kulminationspunkt.

**In Cernobbio hat man nach 36 km Fahrt den Comer See erreicht –
Uferpromenaden haben die Überbauungslandschaft abgelöst.**

Auf einer Hauptstraße, auf die wir gelangen, fahren wir 50 m links, wo sich am *Palazzo Civico* nicht nur ein Parkplatz, sondern auch eine große Informationstafel mit Stadtplan befindet. Hier können wir die Räder abstellen und uns unseren Stadtrundgang zusammenstellen, der am geschicktesten über das *Servitenkloster*, die Kirche *S. Giovanni*, durch die *Via Nobili Rusca*, *S. Cosma e Damiano*, eine große Barockkirche, auf den Hügel mit der Privatkapelle der Torriani, *S. Sisinio,* führt. Von hier kann man die ganze Stadt hervorragend überblicken. Beim Abstieg sollten wir von den zahlreichen Palazzi zumindest den *Palazzo Pollini* mit seinen Loggien und Imitationsmalereien besuchen.

Wir verlassen die Stadt Richtung Stazione und fahren durch die *Via Carlo Diner* (Vorsicht, Einbahn!) zur Bahn und unterqueren diese (nochmals Einbahn!). Über die Ortskerne von **Rancate** und **Ligornetto** kommen wir auf Nebenstraßen nach **Stabio**. Im Zentrum stehen nebeneinander zwei Kirchen, eine große und eine kleine, beide mit barocken Vorbauten vor den alten, schmucklosen, quaderförmigen Kirchenschiffen. Zwischen beiden Kirchen hindurch rollen wir durch den alten Dorfkern abwärts, dann links zur Einmündung in die Schnellstraße. An der nächsten Kreuzung radeln wir geradeaus und erst danach rechts nach **Genestrerio**. Nach dem Abzweig links (Ww. »Novazzano«) müssen wir bergauf durch **Boscherina** treten oder schieben. Auf der Höhe geht es links hinab in den alten Ortskern von **Novazzano**.

An diesem dritten Höhepunkt unserer Tour folgen wir zunächst der Rechtskurve und fahren dann die erste Straße rechts zur *Chiesa S. Quirico e Giuletta* mit ihrem schlanken Campanile und der schönen Loggia im Innenhof. Zurück zur Gabelung, rollen wir rechts nach **Chiasso**. Danach zweigen wir nochmals rechts ab (Ww.) und fahren 3 km immer geradeaus, anfangs schön bergab, bis an den Bahnhof. Durch einen Straßentunnel kommen wir auf die andere Seite der Bahn. 200 m weiter rechts steht die stattliche *Chiesa S. Vitale*, ein schöner Barockbau. Wir gehen an ihr vorbei, schieben die Räder rechts gegen die Fahrtrichtung durch die *Piazza Col. C. Bernasconi*, und am Straßen-Ww. »Como« fahren wir links in die *Via*

Valdani, dann rechts durch die *Via S. Franscini*. Wir folgen nun dem Ww. »Pizzimiglio« nach links, überqueren Autobahn und Fluß und fahren nach der Brücke rechts neben der *Breggia*. An der Gabelung nach dem Zoll radeln wir links nach **Cernobbio** (nicht rechts nach »Como«). Nach 3 km erreichen wir den Ort, fahren an der Straßenunterführung links und finden im Zentrum eine gelbe Hinweistafel zu den sieben Alberghi.

Radverleih und Radtransport
Mendrisio: Stazione SBB/FFS, ☎ 6 46 38 22.

Übernachtungen unterwegs
Schweiz: Brusino-Arsizio: Osteria della Posta, ☎ 9 96 23 44 (Seeterrasse). *Riva San Vitale*: Chéry garni, ☎ 6 48 11 37. *Chiasso*: Hotel-Garni Centro, Corso San Gottardo; Hotel Touring-Mövenpick, Piazza Independenza. *Italien: Cernobbio*: 7 Hotels und Alberghi.

Einkehrmöglichkeiten
Brusino-Arsizio: Osteria della Posta (s.o.). *Mendrisio*: In der Altstadt einige Pizzerien und Cafés. *Chiasso*: Im Zentrum zahlreiche Ristoranti.

Öffnungszeiten
Mendrisio: Kunstmuseum, je nach Ausstellung Di–So 10–12, 14–17 Uhr. *Rancate*: Gemäldegalerie Züst, ebenso. *Ligornetto*: Museum Vela, 01.03.–30.11. Mi–So 9–12, 14–17 Uhr (Eintritt frei). *Stabio*: Museum bäuerlicher Kultur, Di/Do/Sa/So 14–17 Uhr.

Auskunft
Schweiz: CH-6850 Mendrisio: Ente Turistico Mendrisiotto e Basso Ceresio, ☎ 6 46 57 61, Mo–Sa 8–12, 14–18 Uhr. *Italien: I-22012 Cernobbio*: Azienda Soggiorno Turismo, Via Regina 33/B, ☎ (0 31) 51 01 98, 01.03.–31.10., Mo–Fr 9–12, 15–18 Uhr.

Kombinationen
Tour 21 verbindet die Ceresio-Kette (19–20) mit der Lario-Kette (22–30).

Landkarten
LKS 1:50 000, Blatt-Nrn. 286, 296, 297.

Der »Lario« oder Comer See

22 Villa d'Este – Villa dell'Olmo – Como: erlesene Park- und Stadtkultur

Cernobbio – Tavernola – Como (– Blevio – Torno)

Auf allen Touren unseres Angebots wird neben dem »Genießen« auch fleißig geradelt. Nur auf dieser einen Tour überwiegt das »Besichtigen« eindeutig das »Fahren«. Anders läßt sich soviel Kultur auf so engem Raum nicht bewältigen. Die beiden Schlösser und ihre Parks, die wir hier am Lago di Como besuchen, bilden nur das Ende einer langen Kette von Villen und Gärten erlesener Pracht und Architektur: *Varenna, Monastero, Bellagio, Serbelloni, Melzi, Cadenabbia, Villa Carlotta, Tremezzo, Villa Sola, del Balbianello, Pliniana, d'Este* und *dell'Olmo* – das sind die klingenden Namen, die besonders das Westufer des Lario schmücken.

Von **Cernobbio** fahren wir zunächst entgegen der vorgesehenen Richtung 500 m nach Norden. Vor der **Villa d'Este** stellen wir die Räder ab. Seit 1873 ist sie ein Luxushotel allererster Klasse. Den Namen führt der Palast erst, seit ihn 1815 Karolina von Braunschweig-Wolfenbüttel erwarb. Die Gemahlin des Prince of Wales glaubte, eine Nachfahrin des alten Geschlechts derer von Este zu sein, die in Ferrara residierten. Bis zu dieser Taufe hatte der Palast eine wechselvolle Geschichte. Er wurde in der 2. Hälfte des 15. Jh. für den Kardinal von Como erbaut. Mit dieser Villa besaß der Kirchenfürst allein fünf Paläste in der Umgebung des Lario. Im 17. Jh. richtete sich in ihr Graf Marliani ein, Propst der österreichischen Truppen.

 Ausgangsort und Anfahrt
Cernobbio. Hierher von Como mit dem Schiff (ab Como 10, 11 Uhr).

 Zielpunkt und Rückfahrt
Como, evtl. Torno. Rückfahrt mit dem Schiff (ab Como alle 40 Min.).

 Gesamttourenlänge
6 (13) km. 5 km Asphalt, 1 km Schotter.

 Zeitbedarf
1 (2) Std. Fahren, 5 Std. Besichtigen.

 Etappen
Cernobbio – Como: 6 km; Como – Torno: 7 km.

 Steigungen und Gefälle
Wenige Höhenmeter auf und ab.

 Geländestruktur
Uferlandschaft am Südende des Comer Sees. Besiedelte Schwemmebenen wechseln mit steileren Hängen.

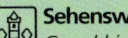 **Sehenswertes**
Cernobbio: Villa d'Este (15./17. Jh., heute Luxushotel, Park zugänglich). *Como-San Giorgio*: Villa dell'Olmo (17. Jh., großzügiger Barockpark). *Como*: Dom (1396–1770) mit Torre und offener Loggia am Broletto; S. Fidele (1050–1120, zahlreiche Fresken); S. Carpoforo (11. Jh.) im Süden an der Via Brenta; S. Abbondio (1050–1085) außerhalb der Altstadt im S; Altstadt mit Piazza Duomo und Piazza Cavour.

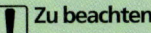 **Zu beachten**
Der Park der Villa d'Este ist eigentlich für Hotelgäste bestimmt. Man wird aber nicht kontrolliert, wenn man sich unauffällig benimmt (Räder draußen lassen, ebenso bei der Villa dell'Olmo).

 Varianten
1. Mit der Standseilbahn nach Brunate (715 m): herrlicher Blick über die Bucht von Como.
2. Wenn am Nachmittag noch Zeit vorhanden und die Hotels in Como zu teuer sind, kann man noch bis Torno weiterfahren (Anfang der Tour 23).

Schlangen, Echsen und Putten – friedliches Nebeneinander im verspielten Barock der Villa dell' Olmo.

Anfang des 18. Jh. erwarb ein Graf Calderera den Besitz. Die heutige spätbarocke und klassizistische Innenausstattung geht auf den Grafen Domenico Pino zurück, General und Minister Napoleons. Das Hotel hat durch Zubauten, einen Parkplatz bei der Kaskadenallee und eine Neugestaltung des ehemaligen Arkadenhalbrunds durch »Kitsch as Kitsch can« einiges vom einstigen Flair eingebüßt. Wenn man den Pförtner freundlich grüßt, wird das Betreten der ansonsten großartigen Parkanlage nicht beanstandet. Von der Villa d'Este radeln wir links auf dem seeseitigen Fußweg neben der dichtbefahrenen Uferstraße zur **Villa dell'Olmo**. Der Verkehr sollte uns nicht daran hindern, den herrlichen Blick über den See zum nahen Como wie auch zu den weiteren Palästen und Parks, wie z.B. der *Villa Erba*, die links gegenüber Wohnhäusern und Tankstellen steht, wahrzunehmen. Drängte sich der Park der Villa d'Este auf schmalem Raum den Berghang hinan, so hatte die Anlage der Villa dell'Olmo genügend Platz, sich in weitflächiger Großzügigkeit zu entfalten. Py-

ramidenförmig verschnittene Lebensbäume, üppige Blumenpracht und die Geometrie der Rasenflächen verleihen dem Garten französischen Charme. Hangseitig wird der Park begrenzt von einem Schloß mit dezentem Säulenvorbau, einer mit Statuen geschmückten Balustrade und einem barocken Schmuckgiebel mit dem Wappen der Visconti. Ulmen, denen die Villa ihren Namen verdankt, standen schon zu Zeiten Plinius des Jüngeren an dem Ort der heutigen Villa, die 1789 vollendet wurde. Die feudale Struktur wurde auch hier aufgebrochen: Seit Jahren finden im Schloß öffentliche Konzerte, Theater, Kongresse und Ausstellungen statt; Villa und Park gehören seit 1927 der Stadt Como. Im Park auf einer Bank zu sitzen, zwischen den barocken Statuen und verspielten Putten des Brunnens die Silhouette von Como zu schauen, während das Wasser plätschert – kann es Schöneres geben?
Auf die Villa dell'Olmo folgen noch drei weitere schöne Villen mit ihren Parks, so daß hier auf 4 km Uferlänge mindestens sechs Schlösser mit ihren Parkanlagen stehen. Wir benutzen die Uferpromenade nach Como, die man bei geringem Fußgängerverkehr befahren kann. Rechts in den Anlagen befindet sich kurz vor Como ein interessantes Denkmal für die Widerstandskämpfer Europas. Nach dem Stadion trifft man auf den *Tempio Voltiano*, in welchem die Entdeckungen Voltas, eines Sohnes der Stadt Como, gezeigt werden.
In **Como** sollten wir an einem Parkplatz die Räder abstellen; die gesamte City ist ohnehin Fußgängerzone. Como ist zweieinhalb Jahrtausende alt: Schon vor dem 5. vorchristlichen Jahrhundert siedelten hier Gallier. 196 v.Chr. wurde der Platz von den Römern erobert. Diese brachten mit der *Via Regia*, die Como mit Mailand

und Rätien verband, dem Ort strategische Bedeutung. Zur Kaiserzeit besaß Como Thermen, Theater, Tempel, Villen und einen Hafen; Handel und Gewerbe blühten. Vom 5. Jh. an residierten in Como Bischöfe, denen gegenüber sich die lombardischen Könige spendabel zeigten – Voraussetzung für wirtschaftlichen und kulturellen Wohlstand. Davon zeugen die drei großen, gut erhaltenen romanischen Kirchen: *S. Fidele* an der gleichnamigen Piazza, *S. Carpoforo* und *S. Abbondio*, beide im Süden der Stadt. Alle drei entstanden im 11. Jh., beherbergen kostbare Fresken und sind von großartiger, klarer Architektur. Doch wo zuviel Reichtum ist, entstehen Macht und – mit ihr – Neid. Die Rivalität zum mächtigen Mailand führte im 12. Jh. zu einem Krieg, bei dem Como nahezu zerstört wurde. Der Stauferkaiser Barbarossa ließ die Stadt wiederaufbauen, und als dieser Mailand überfiel, beteiligten sich die Comasken gern bei der Eroberung, um ihre Rachegelüste zu stillen. Bis ins 19. Jh. setzte sich die wechselvolle Geschichte fort: Arbeit und Wohlstand, Unruhen und Krieg. Unter den Visconti wurde 1396 der Beschluß zum Bau des Domes gefaßt, dessen Baugeschichte bis 1770 dauerte. Trotzdem sind die drei Stilepochen Gotik, Renaissance und Barock harmonisch miteinander vereint. Der Dom ist das Herzstück Comos, ein Glanzstück lombardischer Baukunst, außen wie innen. Mit seiner alten Geschichte, den drei romanischen Kirchen, dem Duomo, seinen Piazze und der Seefront besitzt Como fünf unüberbietbare Höhepunkte.

So schön Como ist, so teuer ist es auch. Wenn die zahlreichen Hotels zu sehr Ihre Brieftasche attackieren, können Sie am Spätnachmittag die Stadt an der Uferpromenade Richtung NE verlassen, die *Piazza Matteotti* überqueren, rechts an der *Billetta Autolinea* und links an der Kir-

Ein Glanzstück lombardischer Baukunst: Dom und Broletto von Como.

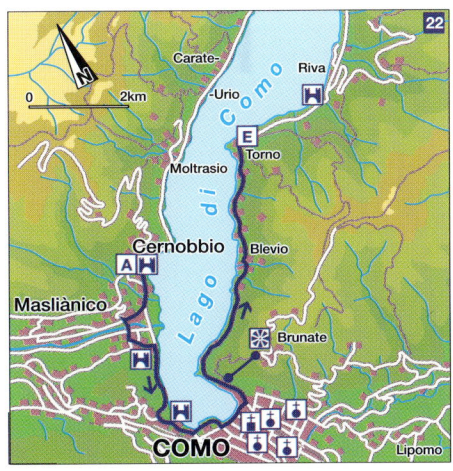

che *S. Agostino* vorbeifahren (Ww. »Giardini Villa Melzi«) und in die *Via Torno* einschwenken.

Wegen der längeren Steigung bis **Blevio** (300 m), vier Tunneldurchfahrten, vieler Kurven und der schmalen Straße müssen Sie für die 7 km bis **Torno** eine volle Stunde veranschlagen.

Von Ende März bis Ende September verkehren außerdem laufend Schiffe von Como nach Torno, die Ihnen diesen Streckenabschnitt abnehmen können. In Torno gibt es preisgünstige Quartiere (6 Hotels).

23 Von Como nach Bellagio: Ufer, Parks und Dörfer

Como – Blevio –) Torno – Riva – Pognana – Careno – Borgo – Lézzeno – S. Giovanni – Bellagio

Die zweite Tour am Comer See führt am Ostufer des Comer Seeteiles entlang. Wenn Sie in **Torno** Quartier gefunden haben (Tafeln für Hotels im Ortskern), haben Sie das Kilometerverhältnis der Routen 22 und 23 von 6:31 auf 13:24 ausgeglichen.

Radverleih
Cernobbio: Via Giornate, ☎ (0 31) 51 01 88. *Como*: Arnaboldi, Via Regina 38, ☎ (0 31) 27 30 53; Anzano del Parco, ☎ 63 27 73; Ferca, Via Dottesio 8, ☎ 30 01 60.

Übernachtungen unterwegs
Como: JH, Via Bellinzona 6 (nahe der Villa dell'Olmo), 01.03.–30.11., ☎ (0 31) 57 38 00, 76 Betten; ansonsten zahlreiche, meist teure Hotels. Preisgünstig: Valtellina, ☎ 54 07 50; Sole, ☎ 57 33 82; S. Abbondio, ☎ 26 40 09; Posta, ☎ 26 60 12. *Torno*: siehe Tour 23.

Einkehrmöglichkeiten
Pizzeria am Eingang der *Villa dell'Olmo*.

Öffnungszeiten
Villa d'Este: Park (Teil der Hotelanlage) ganzjährig offen. *Villa dell'Olmo*: Mo–Sa, Park tägl. 9–19 Uhr. *Como*: Tempio Voltiano (Entdeckungen Voltas), Museo Civico del Risorgimento Garibaldi, beide Di–So 10–12, 14–16 Uhr; Pinacoteca Palazzo Volpi, Di–Fr 9.30–12.30, 14–17, So 10–13 Uhr.

Auskunft
I-22100 Como: Azienda Turistica del Comasco, Piazza Cavour 17, ☎ (0 31) 26 97 12, Mo–Sa 9–12.30, 14.30–18 Uhr. Navigazione Lago di Como, Via per Cernobbio 18, ☎ (0 31) 57 92 11.

Kombinationen
Umfahrung des Comer Sees: 22–26, 29–30.

Landkarten
LKS 1:50 000, Blatt-Nr. 297.

Ausgangsort und Anfahrt
Como oder Torno. Nach Torno von Como mit Rad oder Schiff.

Zielpunkt und Rückfahrt
Bellagio. Rückkehr mit dem Schiff.

Gesamttourenlänge
31 (24) km, alles Asphalt.

Zeitbedarf
4 Std. Fahren, 2 Std. Besichtigen.

Etappen
Como – Torno: 7 km; Torno – Lézzeno: 18 km; Lézzeno – Bellagio: 9 km.

Steigungen und Gefälle
217 Höhenmeter auf, 291 Höhenmeter ab.

Geländestruktur
Erste Hälfte: dicht besiedeltes Hochufer; zweite Hälfte: nur gelegentlich besiedeltes, teils flaches, teils felsiges Ufer an der Ostseite des Comer Seeteiles.

Sehenswertes
2 km nach Torno: La Pliniana (15. Jh.), steile Abfahrt. Bellagio: Villa Melzi (18. Jh.), Schloß und ausgedehnter Park; Villa Serbelloni (16. Jh.) mit großem Terrassenpark.

Zu beachten
1. Die Straße hat streckenweise holprigen Asphaltbelag. Gepäck rüttelsicher verladen!
2. Zwischen Como und Blevio vier Tunnels. Intakte Beleuchtung notwendig!

Besonders wenn Sie von Como aus nach Bellagio fahren, werden Sie vorwiegend treten oder das Rad rollen lassen, weniger dagegen radeln. Hinzu kommt auf längeren Strecken ein holpriger Straßenbelag. Und Autoverkehr gibt es auch auf der kurvenreichen Strecke. Da werden Sie fragen: Und wo bleibt da der Genuß? Es gibt ihn dennoch. Erstens wegen der bezaubernden Landschaft, die Sie unentwegt begleitet: Blicke über den See, Zypressen, Parks, Terrassen, Mauern, Kirchen. Zweitens geht es ab **Careno** viel auf ebener Strecke oder bergab. Drittens ist der Verkehr um die Mittagszeit gering. Und viertens gibt es unterwegs immer wieder Ristoranti, Bars und Tavernen, um sich einmal auszuruhen.

Zwei Kilometer hinter Torno weist links ein Schild zur *Villa Pliniana*. Der Ortsname *La Pliniana* geht auf die beiden Plinii zurück. Plinius der Ältere und sein Neffe Plinius der Jüngere waren beide in Como im 1. Jh. n.Chr. geboren. Beide vereinten Staatsämter mit Schriftstellerei. Die beiden Plinii waren auf den Gebirgsbach *Colore* aufmerksam geworden, der dreimal am Tage stark anschwoll, die übrige Zeit aber fast trocken lag. Phantasie und Aberglaube wurden durch die pulsierende Quelle angeregt. Ende des 15. Jh. ließ sich ein Piacenzer Graf hier die Villa erbauen. Sie wirkt schlicht, besitzt aber durch ihre drei zentralen Rundbögen einen Hauch von Eleganz. Den Mauern auf der Seeseite sieht man an, daß sie seit vier Jahrhunderten bei Hochwasser im See stehen. Obwohl die Villa wegen ihrer Lage am Fuß eines felsigen Steilhanges etwas Düsteres, Unnahbares an sich hat, waren doch berühmte Leute hier zu Gast: Lord Byron, Stendhal, Franz Liszt u.a.; Rossini hat hier komponiert. Wenn Sie Wert auf einen Besuch legen, können Sie sich in Torno ein Boot mieten und die 2 km dort-

Riva liegt am Ufer des Lario und klettert am Steilhang hinauf zur Straße, die 70 m über dem See liegt.

hin rudern oder paddeln, denn die Villa liegt am Ufer. Vom Straßenabzweig das steile Sträßchen dagegen 150 Höhenmeter hinunter laufen oder fahren und dann wieder hinauf – das kostet über eine Stunde Zeit. Wenn man freilich mit dem Schiff nach Como zurückkehrt, kann man die Villa vom See aus gut sehen – das ist die bequemste Möglichkeit einer Visite. Bleiben also die kulturellen Höhepunkte am Ziel der Tour. Bis dahin erwarten uns 27 km Uferfahrt. In der ersten Hälfte fahren wir bis **Borgo** 60 bis 80 m über dem See. Für die dadurch möglichen Tief- und Fernblicke müssen wir ein gewisses Auf und Ab der Straße in Kauf nehmen. Ignorieren Sie am ersten Ort, **Riva**, der unten am Ufer liegt, die Zufahrt; sie endet als Sackgasse. Bei Riva überqueren wir zwei Tobel auf hohen Brücken.

Von Riva bis Borgo fahren wir in fortgesetzten Kurven durch das besiedelte

Die Villa Melzi bei Bellagio: Park, Schloß und See als Ausdruck vollendeter Harmonie von Natur und Kultur.

Hochufer: Einzelhäuser wechseln mit Dörfern wie **Pognana**, **Quarzano**, **Careno**, und schließlich **Bogno**, das zu **Nesso** gehört. Von da an dominiert die Natur über die menschliche Siedlung. Nach **Lézzeno**, von wo man notfalls mit dem Schiff nach Como zurückkehren oder nach Bellagio weiterfahren kann, kommen 3 km Fahrt am Hang eines felsigen Steilabbruchs zum See. Dann weitet sich das Land zur hügeligen Halbinsel von Bellagio. Bei **Lòppia** verlassen wir die abkürzende Hauptstraße nach links (Ww. »Bellagio«).

Kurz vorher führt links ein Zugang zur *Villa Melzi* am See (Ww.). Wenn es Sinn einer Parkgestaltung ist, eine Harmonie zwischen Natur und Kultur herzustellen, dann ist das hier in vollendeter Weise gelungen. Hohe Koniferen, im April und Mai blühende Azaleenbüsche, Platanenallee,

Palmen, Zypressen, Brunnen mit Nymphen, Grotte, Balustraden, ein japanischer Garten, Lusthaus, ein maurisches Tempelchen, Statuen und Statuetten – und alles begleitet vom See und einem schlichten, aber vornehm klassizistischen Bau ganz in Weiß: Das ist erlesener Geschmack, dem man den Reichtum, der dazu nötig war, gerne gönnt. Der Park wurde als Ganzes konzipiert; man sieht es ihm an. Auch hier waren zahlreiche hochgestellte Persönlichkeiten zu Gast: Eugénie Beauharnais, Gemahlin Kaiser Napoleons III., die Zarin Maria Fedorowna, Kaiser Franz I. von Österreich, Metternich u.a. Heute wird die Villa von der Familie Gallarati-Scotti bewohnt.

Das sehenswerte Innere beherbergt neben lombardischen Fresken und einem Porträt Napoleons auch Werke von Rubens und van Dyck.

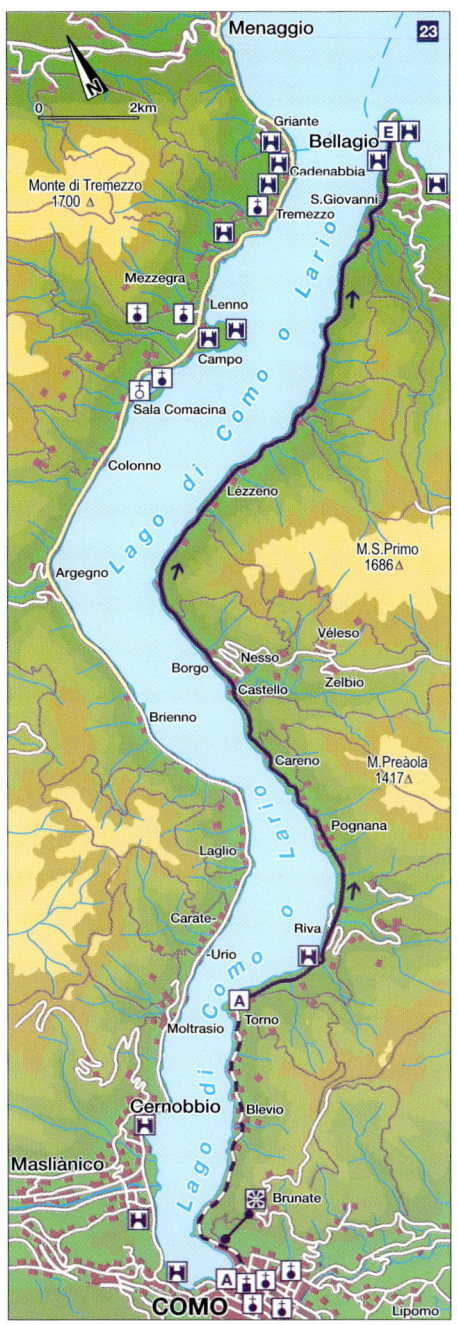

Nachdem wir unser Quartier in **Bellagio** bezogen haben, können wir noch ein Stück auf den 333 m hohen Hausberg hinaufgehen. Hier steht auf halber Höhe die *Villa Serbelloni*, ein schlichter Bau aus dem 16. Jh., heute im Besitz der Rockefeller Foundation, die hier kulturelle Veranstaltungen organisiert. Im Vorgängerbau hielten sich u.a. Kaiser Maximilian und Leonardo da Vinci auf. Das Besondere an der Villa Serbelloni ist ihr Terrassenpark, der sich mit seinen Zypressen bis knapp unter den Gipfel des Hügels hinzieht. Im Kernstück übt der Park mit seinen zu Kugeln, Quadern und steilen Pyramiden verschnittenen Sträuchern und Hecken, Berge und See im Hintergrund, einen geometrischen Zauber aus.

Radverleih
Siehe Tour 22.

Übernachtungen unterwegs
Torno: Belvedere, ℰ (0 31) 41 91 00; Costa Amalfitana, ℰ 41 91 77 sowie drei weitere Hotels. *Bellagio*: 17 Hotels und Alberghi, z.B. Suisse, ℰ 95 03 35 und Hotel Silvio (Nähe Lido), ℰ 95 03 22.

Einkehrmöglichkeiten
Torno: Rist. Villa Flora; Bar Planta; Rist. Vapore; u.a.m. *Nesso*: Trattoria; Rist. Tre Rose (gediegenes Ambiente).

Öffnungszeiten
Villa Melzi: Park öffentlich, April – Oktober 9 – 18 Uhr, Schloß bewohnt. *Villa Serbelloni*: Park, nur Führungen April – Oktober Di – So, 11 und 16 Uhr.

Auskunft
I-22021 Bellagio: I.A.T., Piazza delle Chiesa 14, ℰ (0 31) 95 02 04.

Kombinationen
Tour 23 – Fähre nach Varenna – Touren 26 bis 30 (unter Auslassung des Seeteiles von Lecco).

Landkarten
LKS 1:50 000, Blatt-Nrn. 287, 297.

24 Am felsigen Westufer des Lago di Lecco

Bellagio – Regatole – Vassena – Onno – Malgrate – Lecco

 Ausgangsort und Anfahrt
Bellagio. Hierher mit dem Schiff von Como, Cadenabbia oder Varenna.

 Zielpunkt und Rückfahrt
Lecco. Rückfahrt mit dem Schiff.

 Gesamttourenlänge
24 km, alles Asphalt.

 Zeitbedarf
2 Std. Fahren, 1 Std. Besichtigen.

 Etappen
Bellagio – Onno: 11 km; Onno – Lecco: 13 km.

 Steigungen und Gefälle
130 Höhenmeter auf, 135 Höhenmeter ab.

 Geländestruktur
Fahrt am dünnbesiedelten Westufer des Lago di Lecco; kurz vor Lecco fällt die Bergseite an der Moreggie mit einer über 1000 m hohen Felskaskade zum See ab.

 Sehenswertes
Bellagio: siehe Tour 23. *Regatole*: Villa Giulia (privat). *Lecco*: Denkmal des Alessandro Manzoni; Palazzo Belgiojoso (Museum), Corso Matteotti.

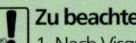 **Zu beachten**
1. Nach Visgnola steile, kurvenreiche Abfahrt.
2. An der Moreggia zwei lange Straßentunnel. Der erste (500 m) ist nur schwach beleuchtet, der zweite (1600 m) gut ausgebaut.
3. Vor der Brücke nach Lecco Verkehrskreisel mit großen Staus. Man wechsle rechtzeitig auf die linke Fußgängerseite (Seeseite) und schiebe das Rad am Kreisel vorbei und durch die Stadt.

Heute werden wir »Natur« groß und »Kultur« klein schreiben. Am Westufer des Lago di Lecco führt eine weniger befahrene Straße entlang. Von Regatole am Anfang der Route bis kurz vor Lecco liegen nur zwei Dörfer auf 20 km Fahrtstrecke. Den Rest bilden z.T. felsige Steilufer. Der Verkehr spielt sich auf der gegenüberliegenden Seeseite ab: Autobahn, Eisenbahn, Straße.

Die Seewanne des Comer Sees wurde von der Gletscherzunge des Adda-Gletschers in den Eiszeiten ausgehobelt. An den Bergen von Bellagio teilte sich der Gletscher: Der westliche Eisstrom bildete das Zungenbecken von Como, der östliche das von Lecco. Heute fahren wir am Westufer des Seebeckens von Lecco entlang. Sollten wir am Vortag noch nicht alle Sehenswürdigkeiten von **Bellagio** besucht haben oder aber, von Cadenabbia mit der Fähre kommend, die Umfahrung des Sees erst hier beginnen, so können wir am Morgen getrost zwei Stunden für die *Villa Melzi* und die *Villa Serbelloni* mit ihren Parks abzweigen, denn die Fahrzeit der Tour 24 beträgt nur zwei Stunden. Im Zentrum von Bellagio befinden sich an der romanischen Pfarrkirche ein Parkplatz, die Informationstafel und die Zufahrt zum *Grand Hotel Villa Serbelloni*. Der klassizistische Prachtbau ist der jüngere der beiden Serbelloni-Komplexe und steht mit seiner ausgedehnten Terrasse auf einem hervorragenden Aussichtsplateau. Wir schieben das Rad durch die schmale Einbahnstraße bergauf zum Ortsausgang. Links befindet sich der Eingang zur »Foundation of Rockefeller«, durch welchen man im Sommer den Park um 11 und 16 Uhr zu Führungen betreten kann. Auf halber Höhe des Berges liegt die alte *Villa Serbelloni* aus dem 16. Jh. Einen schönen Überblick über Park und Schloß erhält man, wenn man 900 m weiter bei einem linker Hand befindlichen Parkplatz ein Stück die kleine Straße nach »Pescallo« (Ww.) hinabfährt. Schon nach der ersten Linkskurve sieht man die Zypressen und Terrassen rings um die Villa. Zurück zur Straße, mündet von rechts die Abkürzungsstraße ein, die Bellagio umgeht. 200 m danach liegt links ein weiterer Prachtbau, die *Villa Giulia* mit ihrem Park. Sie ist in Privatbesitz, aber durch das Eingangsgitter kann man gleichwohl einen genießerischen Blick auf die Anlage werfen.

Nun müssen wir nochmals kräftig in die Pedale treten oder schieben, ehe wir nach **Visgnola** mit 100 m über dem Seespiegel die größte Höhe des Tages erreicht haben. Dann geht es in kurvenreicher, steiler Abfahrt hinunter ans Wasser. Noch einmal gibt es eine kurze Steigung; dann fährt man fast immer eben am See entlang. Immer wieder tun sich herrliche Blicke über den 16 km langen Lago di Lecco auf, der in der Vormittagssonne malerisch glitzert. Zum Schluß wird der Naturgenuß durch zwei Tunnel von 500 m bzw. 1600 m Länge etwas unterbrochen. Ansonsten aber ist es eine traumhaft schöne Radeltour.

Lecco ist durch zwei Namen mit Malerei und Literatur verbunden: Leonardo da Vinci und Alessandro Manzoni. Die malerische Landschaft um Lecco soll Leonardo als Kulisse für die »Mona Lisa« gewählt haben. Außerdem hatte er in der Stadt Aufträge als Ingenieur auszuführen. Literarisch berühmt wurde Lecco durch Alessandro Manzoni (1785 bis 1873). Der Dichter der italienischen Romantik, der auch Goethe kennengelernt hatte, wuchs auf dem Landgut seines legalen, aber nicht leiblichen Vaters bei Lecco auf. Sein berühmter Roman *I promessi sposi* (»Die Verlobten«, 1823) wurde in viele Sprachen übersetzt. In der Stadt erinnert das Manzoni-Denkmal an den Dichter. Ansonsten ist Lecco heute recht unromantisch geworden. Industrie und Neubauten haben es zu einer modernen Stadt werden

Von der Straße nach Pescallo überblickt man die Villa Serbelloni mit ihrem ausgedehnten Zypressenpark.

Von Malgrate schaut man über den Seearm von Lecco bis zu den Tessiner Alpen.

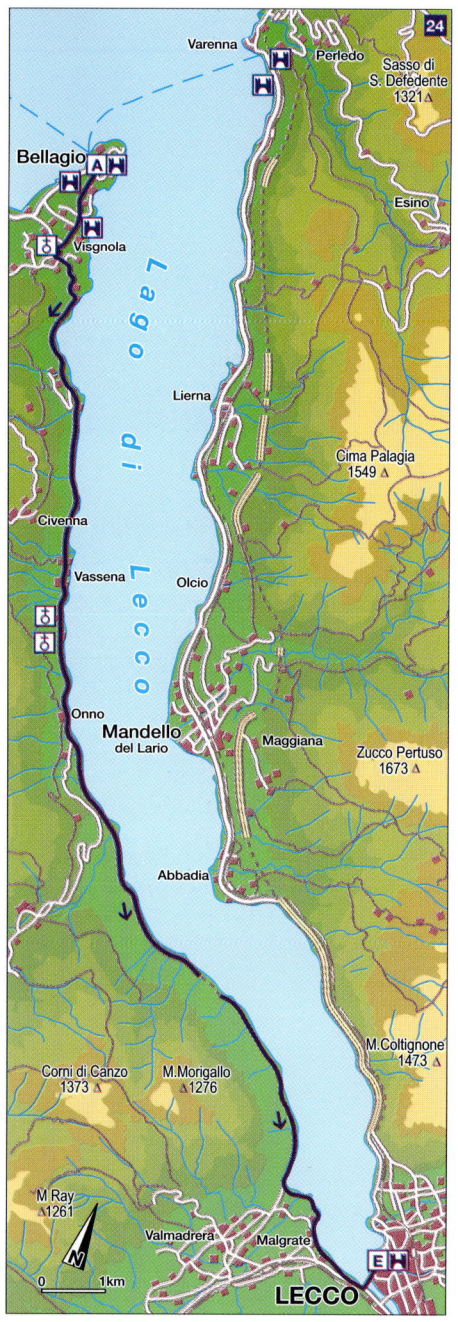

lassen, durch deren Straßen ein quirliger Verkehr pulst. Um in diesem Gewühl nicht kostbare Zeit mit Quartiersuche zu verlieren, sollte man sich 500 m vor der **Ponte Kennedy** – noch in Malgrate – rechts in das **Albergo Promessi Sposi** einquartieren, auch wenn es ein Drei-Sterne-Hotel ist. Dann kam man die Stadt und den Zugang zum Bahnhof (siehe Tour 25) als Fußgänger unabhängig vom Verkehrschaos erkunden.

Die **A.P. Turistica del Lecchese** erreichen Sie auf schnellstem Wege, wenn Sie am Theater links vorbei und dann zweimal rechts gehen.

Radverleih
Valmadrera (bei *Malgrate*): The bike, Via Rio Torto 1/3, ☏ (03 41) 20 12 66.

Übernachtungen unterwegs
Malgrate: Il Griso, ☏ (03 41) 20 20 40; Promessi Sposi da Giovannino, ☏ 28 40 13. *Lecco*: Do Abbondio, ☏ 36 25 63; Caviate, ☏ 36 75 83.

Einkehrmöglichkeiten
Visgnola: Pizzeria (hervorragender Blick). *Vassena*: Rist. Piero. *Malgrate*: Pizzeria San Gennaro; Promessi Sposi (verglaste Seeterrasse, große Speisenauswahl).

Öffnungszeiten
Lecco: Musei Civici im Palazzo Belgiojoso und der Villa Manzonis, Mai – Sept. tägl. 10 – 12, (außer Mo/Do) 14.30 – 17.30 Uhr, Oktober bis April Do 14 – 17, So 10 – 12, 14 – 17 Uhr.

Auskunft
I-22053 Lecco: A.P.Turistica Lecco, Via Nazario Sauro 6, ☏ (03 41) 36 23 60, Mo – Sa 9 – 12.30, 14.30 – 18 Uhr.

Kombinationen
Tour 24 ist Teil der Tourenkette 22 bis 30, mit welcher der Comer See umfahren wird.

Landkarten
LKS 1:50 000, Blatt-Nrn. 287, 297.

25 Am sanfteren Ostufer nach Varenna

(Lecco –) Abbadia – Mandello del Lario – Olcio – Lierna – Varenna

 Ausgangsort und Anfahrt
Abbadia. Hierher von Lecco mit der Bahn. (Regionalzug nach Sondrio gegen 9, 10 und 12 Uhr.)

 Zielpunkt und Rückfahrt
Varenna. Rückfahrt mit dem Schiff oder mit der Fähre nach Bellagio.

 Gesamttourenlänge
15 km, alles Asphalt.

 Zeitbedarf
1 1/2 Std. Fahren, 2 Std. Besichtigen.

 Etappen
Abbadia – Lierna: 8 km; Lierna – Varenna: 7 km.

 Steigungen und Gefälle
55 Höhenmeter auf und ab.

 Geländestruktur
Fahrt am flacheren Ostufer des Lago di Lecco, das zweimal von steilen, z.T. felsigen Wänden unterbrochen wird.

 Sehenswertes
Varenna: Villa Monastero (ursprüngl. Zisterzienser-Kloster, seit dem 16. Jh. Adelssitz, heute naturwissenschaftl. Tagungszentrum) mit ausgedehntem Park am Steilhang; Villa Cipressi, heute Hotel, Via IV. Novembre 18, mit Park; Chiesa S. Giovanni (10. Jh., Fresken); Chiesa S. Giorgio (13. Jh., Fresken und Altarbilder); Castello di Vezio (180 m über Varenna); Museo Ornitologico.

 Zu beachten
Die Strecke Lecco – Abbadia kann nur mit der Bahn zurückgelegt werden. Meiden Sie Sonn- und Feiertage wegen des Ausflugverkehrs.

Schon bei der Fahrt am Westufer des Leccoer Seeteiles konnte man gelegentlich die Autobahn am gegenüberliegenden Ufer sehen. Nach dem Bau der Uferstraße wurde um die Jahrhundertwende die Bahn von Lecco nach Chiavenna erstellt. Benötigte bereits sie zwölf z.T. längere Tunnel, so brach die in den 80er Jahren mit gigantischem Aufwand durch die Hänge gebrochene Superstrada alle Rekorde: Von Abbadia bis Còlico sind von den 34 km allein 26 km untertunnelt. Zwischen **Lecco** und **Abbadia** gibt es zwischen Berg und See sogar nur Autostrada und Schiene, so daß wir Radfahrer gezwungen sind, die ersten 8 km unserer Tour mit der Bahn zurückzulegen.
An der Stazione Abbadia verlassen wir den Zug und können wieder die Räder besteigen. Wir durchfahren den Ort. Die Straße führt malerisch am Ufer entlang; zwischen Zypressenreihen und Koniferen sieht man den See. Nach einer Viertel-stunde kommen wir nach **Mandello del Lario**. So schön der Name klingt, außer Industrie und neuen Siedlungen bietet das verstädterte Dorf nichts Besonderes. Auf der fast durchweg ebenen Uferstraße, die durch den Bau der Autostrada vom Verkehr entlastet ist, gelangen wir nach **Olcio**. Die Weiterfahrt nach **Lierna** führt durch eine 600 m lange Straßengalerie. Die letzten 6 km von Lierna bis Varenna führen am Fuß eines 700 m hohen Steilhanges entlang. Am anderen Ufer erkennt man die *Villa Serbelloni* mit ihrem von Zypressen bestandenem Terrassenpark (Tour 24). Hinter der Halbinsel von Bellagio treffen die Seearme von Lecco und Como zusammen; der See erreicht hier eine Breite von knapp 5 km. Immer wieder sieht man die Fährschiffe, die hier die Verbindung zwischen Cadenabbia, Bellagio und Varenna herstellen. Über dem Wasser thronen links der *Monte di Tremezzo* (1700 m) und rechts der *Mon-*

te Grona (1736 m), beide oft bis in den April schneebedeckt.

Kurz vor **Varenna** liegt das kulturelle Highlight unserer Tour, die **Villa Monastero**. Ihre Historie entbehrt nicht einer gewissen Pikanterie. Das ursprüngliche Gebäude gehörte seit 1208 dem Zisterzienserorden. Dieser Orden war – zumindest in seiner Gründungsphase – für seine Abstinenz gegenüber Lebensfreuden und Mammon bekannt. »Besitz und Tugend pflegen nicht lange beisammenzubleiben«, lautete anfangs ihr Motto. Als Ausgleich für ihr asketisches »Ora et labora« wählten sie gerne liebliche Orte am Wasser für ihre Klostergründungen, so auch

hier. Im 16. Jh. schien aber die Lebensfreude auch hier ihren Einzug gehalten zu haben. Es verbreitete sich das Gerücht am See, daß aus der einstigen Gebets- und Bußstätte des Klosters ein »Lager der Verliebten« geworden sei, woraufhin der sittenstrenge Karl Borromäus, Kardinal von Mailand, das Kloster prompt auflöste. Nun hatten die dortigen Zisterzienser-Nonnen weder Besitz noch Tugend! Heute steht die Villa Monastero der Provinz Como zur Verfügung, die hier internationale Tagungen von Naturwissenschaftlern hohen Ranges organisiert. Hier hat Enrico Fermi vorgetragen, der noch vor Otto Hahn die erste Kernspaltung

Säulen, die nichts tragen als den Himmel: Im Park der Villa Monastero werden sie, umrahmt von Bergen und See, zum Schmuckelement.

durchführte, sie nur nicht als solche erkannte. Und 1958 trafen sich hier Wolfgang Pauli und Werner Heisenberg, um über die Symmetrie der Elementarteilchen zu diskutieren.

Wunderbar fällt der Park am Steilhang zum See ab. Treppen, Statuen, Säulen, ein kleiner Tempel, Grotte und Brunnen, schmiedeeiserne Gitter und Vasen lassen die ganze Bandbreite barocker Phantasie und südlichen Charmes entstehen.

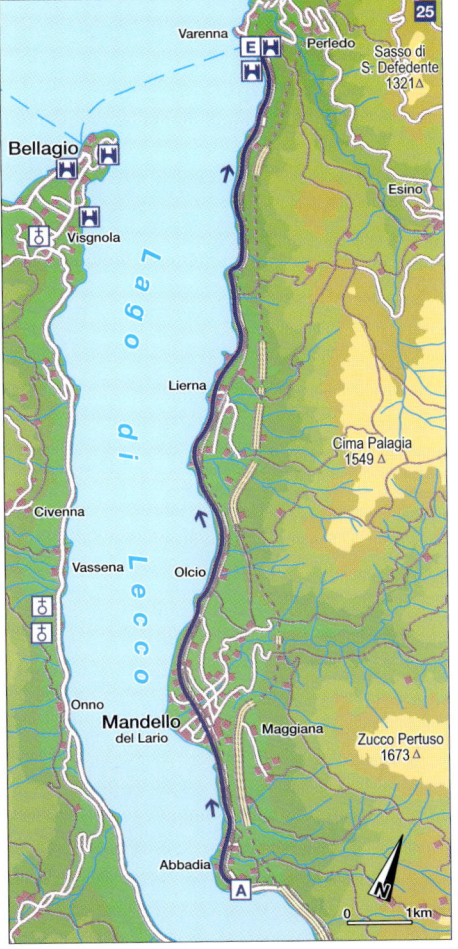

Von der Villa sind es nur einige hundert Meter zum nahen **Varenna**, wo wir Quartier beziehen. Varenna ist nicht nur ein höchst malerischer Ort auf einer Halbinsel; es ist auch einer der ältesten und berühmtesten Orte am Comer See. Die erste Ansiedlung erfolgte noch unter den Römern. 493 n.Chr. wurde es das erste Mal erwähnt und 769 sein Name urkundlich belegt. In seiner wechselvollen Geschichte war es bei Kämpfen zwischen Mailand und Como mehr auf der Seite der Verlierer als der Sieger. Später herrschten die Sforza, Visconti und Rusca. Berühmt wurde das Dorf durch die eben beschriebene Villa Monastero, in welcher heutzutage naturwissenschaftliche Symposien abgehalten werden. Werner Heisenberg war ihr bedeutendster Gast.

Radverleih und Radtransport
Lecco: Cicly Snuppy SNC, Via Giuseppe Garibaldi 115, ✆ (03 41) 92 04 58. Lecco – Abbadia nur per Bahn.

Übernachtungen unterwegs
Lecco: siehe Tour 24. *Varenna*: 8 Hotels, preiswert: Sole, ✆ 83 02 06 (im Mai und Okt. wegen der Kongresse nur auf Vorbestellung.)

Einkehrmöglichkeiten
Mandello: Ristorante am Bhf. Ortsende von *Lierna*: Rist. El Grotti.

Öffnungszeiten
Villa Monastero: April – Okt. 9 –12, 14.30 – 18 Uhr. *Varenna*: Castello di Vezio, Sa/So 11 –12.30, 14 –16 Uhr, ✆ 83 10 00, 83 11 14.

Auskunft
I-22053 Lecco: siehe Tour 24. I-22050 Varenna: Ufficio Turistico, Piazza S. Giorgio, ✆ 83 03 67.

Kombinationen
Durch Benutzung der Autofähre Varenna – Cadenabbia kann man sofort die Schlußtour 30 anschließen.

Landkarten
LKS 1:50 000, Blatt-Nrn. 287, 297.

26

26 Von Varenna an das Nordende des Lario

Varenna – Bellano – Dervio – Dòrio – Còlico

 Ausgangsort und Anfahrt
Varenna. Anfahrt mit der Bahn von Lecco oder mit dem Schiff von Cadenabbia und Bellagio.

 Zielpunkt und Rückfahrt
Còlico. Rückfahrt mit Schiff oder Bahn.

 Gesamttourenlänge
21 km, alles Asphalt.

Zeitbedarf
2 1/2 Std. Fahren. 2 Std. Besichtigen.

 Etappen
Varenna – Dervio: 10 km; Dervio – Còlico: 11 km.

Steigungen und Gefälle
100 Höhenmeter auf und ab.

Geländestruktur
Am Ostufer des Comer Sees wechseln Schwemmlandtrichter von Zuflüssen, auf denen die Ortschaften liegen, mit steilen, felsigen Hängen, die z.T. untertunnelt sind.

  Sehenswertes
Bellano: S. Nazaro e Celso. *Dervio-Villa*: S. Quirico e Giuletta, Campanile (11. Jh.). *Corenno-Plinio*: Scalier-Festung. *Abbazia di Piona* (siehe Variante): Cluniazenser-Abtei, jetzt im Besitz der Zisterzienser, Abteikirche (11. Jh.) mit Fresken und Kreuzgang.

Zu beachten
Auf der Strecke werden mehrere gallerienartige Tunnels durchfahren; intakte Beleuchtung am Rad erforderlich.

 Varianten
Auf dem Sattel hinter Dòrio Abzweig links nach Olgiasca und am Ortsausgang auf holpriger Pflasterstraße 1 1/2 km zur Abtei von Piona (nur als Fußwanderung zu empfehlen, je 80 m auf und ab, +2 Std.)

Von Varenna an wird der Lario breiter; die Seebecken von Como und Lecco haben sich zum 4 km breiten Hauptteil des Sees vereint. An der Nordspitze, wo unser Tagesziel Còlico liegt, münden die wasserreichen Flüsse in den See: die *Mera*, die am *Maloja-Paß* entspringt, und die *Adda*, die aus dem *Ortler-Massiv* bei *Bormio* gespeist wird. Nach längeren und kräftigen Regenfällen führen beide Flüsse dem See soviel Wasser zu, daß er über die Ufer treten kann. Mit zunehmender Fahrt nach Norden werden auch die Berge höher: Auf unserer, der östlichen Seite steigt der *Monte Legnone* bis auf 2609 m, auf der gegenüberliegenden Seite der *Monte Bregagno* auf 2107 m. Wir verlassen **Varenna** nach Norden. Gleich am Anfang durchfahren wir drei Tunnel mit gallerienartigen Fenstern. Dann kommen wir nach **Bellano**, das sich auf einer Halbinsel ausbreitet. Am Lido befindet sich eine Informationstafel. Von der Navigazione kann man bei schlechtem Wetter mit dem Schiff nach *Còlico* weiterfahren oder aber auch nach *Acquaseria* ans gegenüberliegende Ufer übersetzen, um die Routen 26, 29 und 30 zu einer einzigen Tagestour zusammenzuziehen. Allerdings verkehrt nur ein einziger Kurs von Juli bis September mittags um 12 Uhr. Bei der Weiterfahrt nach Dervio fahren wir nochmals durch einen längeren Tunnel. Unmittelbar nach ihm entgehen wir am Straßenabzweig nach »Valvarrone« (Ww.) rechts auf einer Nebenstraße dem Verkehr. Sie bringt uns in das Zentrum von **Dervio**, wo rechts der streng romanische Campanile der *Chiesa S. Quirico e Giuletta* steht. Doch noch ehe wir diesen an dem kleinen Markt stehenden Turm erreichen, müssen wir vorher links hinunter die *Via Martiri* zurück zur Hauptstraße fahren, es sei denn, daß wir geradeaus weiterfahren und zum

Schluß bei einer Bahnunterführungstreppe das Rad zu tragen bereit sind. Im nächsten Ort, **Corenno Plinio**, fällt links eine zinnengekrönte Festung der Scalier auf. Es folgt der Ort **Dòrio**, und danach geht es zwar nicht steil, aber längere Zeit stetig bergauf. Wenn wir den Sattel erreicht ha-

ben, zweigt links die Auffahrt nach **Olgiasca** ab, von wo aus man die *Abbazia di Piona* erreichen kann. An dieser Stelle sollte man die Räder abstellen, denn die Auffahrt ist steil, und die Zufahrt zur Abtei besteht in einer holprigen Kopfsteinpflasterstraße. Aber die *Abbazia di Piona* ist unbedingt sehenswert, so daß die halbstündige Wanderung zu ihr auf jeden Fall lohnt. Vor der Abtei folge man links dem Hinweis zum Parkplatz.

Die aus dem 11. Jh. stammende Cluniazenser-Abtei Abbazia di Piona hebt sich malerisch gegen die Berge ab.

Die aus dem 11. Jh. stammende Clunia-zenser-Abtei ist ein Kleinod ohnegleichen. Umgeben von Zypressenreihen und umrahmt vom See und seinen Bergen steht sie in einem wahrhaft festlichen Rahmen. Dies ist der rechte Platz für eine Mittagspause mit Siesta. Der quadratische Kreuzgang enthält 40 lombardische Kapitele, alle verschieden. Im Innern der Abteikirche sind in der Apsis noch zahlreiche Fresken gut erhalten.

Zurück zur Straße fahren wir an der Bucht *Laghetto di Piona* entlang, indem wir vor der Bahnunterführung zum zweiten Mal die Autostraße verlassen und links Richtung Stazione fahren (Ww. »Piona«). Kurz vor dem Bahnhof treten wir rechts die *Via Laghetto* hoch, überqueren die Gleise und gelangen dann links in 10 Min. nach **Còlico**, unserem Tagesziel.

Übernachtungen unterwegs
Bellano: All'Orrido, ✆ (03 41) 82 12 03 (preiswert); Santa Maria, ✆ 81 01 69. *Olgiasca:* Conca Azzurra, ✆ 93 19 84 (Panoramablick). *Còlico:* 12 Hotels, z.B. Risi, ✆ 94 01 23 (am Lido); Da Gigi, ✆ 94 02 68.

Einkehrmöglichkeiten
Bellano: Rist. »La Sa' Rosa« (am Lido). *Corenno Plinio:* Taverna Vecchio Camino (Fleisch- und Fisch-Spez.). *Olgiasca:* Rist. Caffè Jesi; Rist. Belvedere (Fisch-Spez.). *Còlico:* La Stua (Pizzeria) u.a.

Auskunft
I-22050 Còlico: Ufficio Informazione, Piazza Garibaldi (an der Navigation), ✆ (03 41) 3 44 75, 15.06.–15.09., tägl. 10–12, 15–19 Uhr.

Kombinationen
Tour 26 bildet die fünfte Etappe der Umfahrung des Comer Sees. Setzt man von Bellano mit dem Schiff ans andere Ufer über, kann man u.U. nach Como zurückkehren und in 4 Tagen die wichtigsten Seeteile und ihre Villen kennenlernen. Allerdings verkehrt nur ein einziger Kurs, Juli – Sept. 12 Uhr, nach Acquaseria.

Landkarten
LKS 1:50 000, Blatt-Nrn. 277, 287.

27 In den Ausgang des Valtellina

Còlico – Piantedo – Delebio – Andalo – Rogolo – Còsio Valtellino – Morbegno – Valletta – Traona – Mantello – Dubino – Còlico

Ausgangsort
Còlico. Anfahrt mit dem Schiff oder der Bahn.

Zielpunkt und Rückfahrt
Wie »Ausgangsort«.

Gesamttourenlänge
39 km. 38 km Asphalt, 1 km Schotter.

Zeitbedarf
4 Std. Fahren. 2 Std. Besichtigen.

Etappen
Còlico – Morbegno: 17 km; Morbegno – Dubino: 11 km; Dubino – Còlico: 11 km.

Steigungen und Gefälle
155 Höhenmeter auf und ab.

Geländestruktur
Bis zu 3 km breite Schwemmlandebene, die der Adda-Gletscher in der Eiszeit ausgeschürft und der Fluß Adda mit Schotter aufgefüllt hat. Die Dörfer liegen am Rand der Ebene, am Fuße der Berghänge, die bis 2000 m ansteigen.

Sehenswertes
Andalo: Barockkirche Piazzo Monastero. *Morbegno:* Chiesa S. Giovanni (18 Jh.) mit figurenreicher Fassade; Palazzo del Convento; ehem. S. Antonio mit Kreuzgang und Fresken (12. Jh.) an der Piazza S. Antonio (heute Societa Filarmonica).

Variante
Die Talfahrt kann über Talamona und Case Barri bis zur Brücke über die Adda ausgedehnt werden. Die Rückfahrt erfolgt auf der Nordseite des Tals auf wenig befahrener Nebenstraße über Deco – Paniga – Campovica (+13 km).

In der Eiszeit hat der Eisstrom des mächtigen Adda-Gletschers, von den knapp 4000 m hohen Gipfeln der Ortlergruppe herabziehend, das breite Trogtal des **Valtellina** ausgeschürft, ehe seine Zunge die Seewanne des heutigen Lago di Como aushobelte. Von *Bormio* am Fuße des Ortlermassivs bis zur Einmündung in den Lario besitzt das *Addatal* eine Länge von 100 km. Der Hauptort ist *Sondrio*, 35 km östlich der Mündung. Historisch gibt es zwischen den Einwohnern des Valtellina und den Tessinern von Locarno eine gewisse Parallele: Versuche, sich der protestantischen Bewegung anzuschließen, wurden 1620 in heftigen Auseinanderset-

zungen unterdrückt. Heute hat sich in den Dörfern viel Industrie niedergelassen, vor allem für Autozubehör. Doch findet man in den alten Dorfkernen noch malerische Winkel mit alten Bruchsteinhäusern, Galerien und Arkaden. Hier wohnen die Bauern, die vor allem Gemüse anbauen. Auf der Sonnenseite des Addatales wird an den Steilhängen bis auf 600 m hinauf Weinbau betrieben. Sehr fotogen liegen die Bergdörfer *Cino, Cernino* und *Mello* mit ihren hohen Campanili am Hang. Besonders das westliche Ende des Valtelli-

Am Sonnenhang des Valtellina liegen alte Dörfer zwischen den Weinbergen, wie hier Valletta.

na ist ideales Radfahrgelände: nahezu tischeben, flankiert von hohen Bergen, die bis 2600 m aufsteigen. Doch wollen wir uns nicht zu weit vom Comer See (und vom Gebiet des Buches) entfernen, so daß wir in *Morbegno* wenden und auf der Nordseite wieder zurückradeln. Wenn trotz der Ebene 155 Höhenmeter für Treten und Rollenlassen erforderlich sind, so liegt das daran, daß wegen der

Vor der gewaltigen Barockfassade von San Giovanni in Morbegno laden die Stufen zu einer Mittagsrast ein.

Überschwemmungsgefahr in der Niederung alle Dörfer am Talrand liegen und wir da am Fuß der Berge auch einmal kurz in einen alten Dorfkern hinauftreten müssen. Der maximale Anstieg einer solchen Etappe beträgt 40 m.

Die Fahrt beginnt nüchtern: Autoverkehr, Gewerbegebiete rechts und links der Straße. Doch schon 1 ½ km nach dem Bahnhof von **Còlico** können wir bei einer schwachen Linkskurve die moderne Zivilisation auf einer rechts abzweigenden Nebenstraße verlassen. Zwar steht am Ww. »Zona industria di Còlico«, aber die hält sich in Grenzen. Nachdem rechts die Berge bis an die kleine Straße herangetreten sind, kommen wir wieder an die Autostraße. Doch noch ehe wir sie benutzen, können wir gleich wieder halbrechts nach **Piantedo** radeln. Gleich das erste Dorf ist typisch für das Valtellina. Die Attraktivität der Siedlungen am Lago ist geschwunden; alte Häuser wechseln mit neuen. Auch die rechts stehende Pfarrkirche wirkt bescheiden. Dafür herrschen Ruhe und Frieden, die man nach den lauten Straßen am Comer See besonders genießt.

Nach **Tavani** erreicht die Straße wiederum den Berghang und führt dann in einer Linkskurve in die Ebene zurück. Bald zweigt rechts ein Schotterweg ab, der durch eine liebliche Auenlandschaft nach **Delebio** führt. Im Ort ist er als *Via Strecce* und *Via Colombo* ausgeschildert. Wer auf dem Asphalt bleiben will, fährt geradeaus weiter und folgt im Dorf den Strassen *Via alla Gera – Via Cairoli – Via Emanuele II*. Wir treten meist bergauf Richtung SE. Im Südteil des Dorfes treffen beide Wege wieder zusammen. Dieser Südteil besitzt noch viele alte Häuser aus Bruchsteinen. Bei einer Villa mit Loggia überqueren wir den Bach, der von rechts aus einer wilden Schlucht kommt. Wir fahren durch die *Via Fanfulla da Lodi*, bleiben immer am Fuß des Berghanges und fahren in **Andalo** folgerichtig durch die *Via Pedemonte*. Erst vor der angesichts des kleinen Dorfes stattlichen Barockkirche *P. Monastero* biegen wir links hinunter und am zweiten Stoppschild rechts in die *Via Rogolo* ab. Es folgt **Rogolo**, dessen hoher Campanile links zu sehen ist. Wir fahren durch die *Via Bongini*, dann links und gleich wieder rechts in die *Via Roma*. Wir kommen in die Commune **Cosio Valtellino**, die mehrere Dörfer zusammenfaßt. In der Ferne sieht man rechts die Bergamasker Alpen, links die Ausläufer des Monte Disgrazia. Hinter **Piagno** kommen wir wieder auf die Autostraße, der wir nun 2 km folgen müssen, ehe am Ortsanfang von **Cosio** halbrechts die alte Ortsdurchfahrt abzweigt (Ww. »Centro«). Rechts am Straßenrand steht der alte, hohe Campanile. Ehe wir wieder auf die Strada kommen, biegen wir halbrechts in die *Via Guanella* ab.

In **Morbegno** treffen wir auf die *Via Neresina*, in die wir rechts einbiegen. Dann fahren wir links in die *Via Bernasconi*. Das verstädterte Dorf scheint zunächst keine Sehenswürdigkeiten zu bieten. Doch wartet ein großes Feuerwerk sakraler Architektur auf uns. Es beginnt mit einer rechts stehenden Kirche und ihrem etwas versteckt stehenden Campanile. An

der nächsten Piazza fahren wir an der Haus-Nr. 40 links hinunter. Von der folgenden Flußbrücke kann man den Turm von *S. Giovanni* bereits sehen. Wir tasten uns durch das Gassengewirr zu ihr und stehen plötzlich vor einer Barockfassade, die eigentlich in eine größere Stadt gehörte. Großartig ist der Figurenreichtum dieser hochbarocken Gestaltung. Rechts steht der schlichte *Palazzo del Convento*. Die Hauptstraße ist von modernen, gelungenen Arkaden gesäumt. Sie bringt uns auf die große *Piazza S. Antonio*. An ihrem Ostrand steht dann die Kirche gleichen Namens, die nicht mehr als »Chiesa«, sondern von der »Societa Filarmonica« genutzt wird. Aber neben ihr befindet sich ein quadratischer Kreuzgang mit alten Fresken, der eine Oase der Stille in dem ansonsten lauten Ort bietet. Am Nordwestende der Piazza fahren wir die *Via P. Paolo Paravicini* abwärts, kreuzen die neue Durchgangsstraße und die Bahn und kommen zur malerischen Steinbogenbrücke *Ponte di Ganda*.

Hinter ihr müssen wir links hinauf 150 m die Räder schieben; dann können wir an der Straßenkehre die Räder knapp 2 km auf der Autostraße rollen lassen. Wir haben nun soviel gesehen, daß wir jetzt nur noch die Rückfahrt im Auge behalten. Trotzdem können wir hinter **Valletta** die Autostraße nochmals nach rechts verlas-

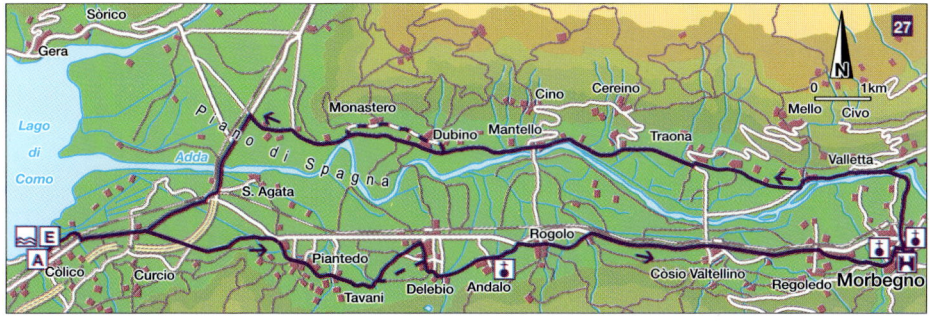

sen, um auf einer Nebenstraße nach **Traona** zu gelangen. An einer rechts liegenden, großen, barocken Toreinfahrt rollen wir links hinunter auf die Autostraße. Wie der Anfang wird auch das Ende unserer Tour wieder nüchtern. 7 km bleiben wir auf der Strada, passieren **Mantello** und können lediglich nach dem Ortsschild »**Dubino**« rechts die *Via Fornace* hinauftreten. Der kleine Abstecher lohnt sich, denn das Dorf besitzt verträumte Gassen. Am Ende suchen wir rasch wieder Ebene und Straße auf; wer aber noch Kraft in den Beinen verspürt, kann geradeaus am Hang über die Weiler **Mezzomanico** und **Monastero** treten. Wenn das breite *Piano di Spagna* sichtbar wird, zweigen wir aus einer Rechtskurve links in die *Via della Torre* ab. Nach 1 km treffen wir auf die leider dichtbefahrene Splügenpaßstraße, der wir links folgen. Hinter der *Adda-Brücke* kann man nochmals kurz dem Verkehr entgehen, indem man dem Ww. »S. Agate« folgt. Hinter der Bahn muß man rechts durch Gewerbegebiet fahren, dann kommt man nach 3 km wieder nach **Còlico.**

Übernachtungen unterwegs
Còlico: 12 Hotels, siehe Tour 26.

Einkehrmöglichkeiten
Cosio: Pizzeria Caprio. *Morbegno*: Vecchia Trattoria »Eden«. *Traona*: Rist. Villa Paravicini.

Öffnungszeiten
Morbegno: Chiesa S. Giovanni, tägl. 10–12, 14–18 Uhr (außerhalb der Gottesdienste).

Auskunft
Siehe Tour 26.

Kombinationen
Die Touren 27 und 28 stellen eine Ergänzung zur Umfahrung des Comer Sees dar.

Landkarten
LKS 1:50 000, Blatt-Nrn. 277, 278.

---

28 Das Piano di Chiavenna

Chiavenna – San Vittore – Gordona – (San Pietro – Era –) Novate – San Fedele – Sòrico – Gera

Am Beginn des bis zu 3 km breiten *Piano di Chiavenna* liegt die Stadt **Chiavenna** am Fuß des *Passo di Spluga*, eines Alpenübergangs, der schon zu Zeiten der Römer bekannt war. Von daher leitet sich vermutlich auch ihr Name ab: Das lateini-

 Ausgangsort und Anfahrt
Chiavenna. Hierher mit der Bahn von Còlico.

 Zielpunkt
Gera.

 Gesamttourenlänge
30 km. 29 km Asphalt, 1 km Schotter.

 Zeitbedarf
2 Std. Fahren, 2 Std. Besichtigen.

 Etappen
Chiavenna – Novate: 16 km; Novate – Gera: 14 km.

 Steigungen und Gefälle
41 Höhenmeter auf, 136 Höhenmeter ab.

Geländestruktur
Breite Aufschüttungsebene, die die Mera bei ihrem Ausfluß aus dem Bergell und Val Bregalia auf 15 km Länge hinterlassen hat.

Sehenswertes
Chiavenna: Collegiato di San Lorenzo (9./10. Jh.) mit Campanile (1597/1603) und Säulengang (1698), im Innern Taufbecken von 1156, Baptisterium, Kirchenschatz; Palazzo Balbiani; Botanischer Garten; Parco delle marmitte dei giganti.

Zu beachten
Der Regionalzug Còlico – Chiavenna ist nicht für Radtransport eingerichtet.

Variante
Von der zweiten Brücke in *San Pietro* bis zur dritten Brücke über die Mera auf der Straße bleiben (+1 km).

sche Wort »clavis« bedeutet »Schlüssel«. Und in der Tat besaß Chiavenna jahrhundertelang die Schlüsselstellung zum Splügenpaß.

Gleich am Anfang gibt es ein Problem: Der Regionalzug Còlico–Chiavenna ist nicht für Radtransport eingerichtet. Es gibt zwei Möglichkeiten: Entweder Sie überreden mit viel Charme den Schalterbeamten, eine Ausnahme zu machen (bei 1 bis 2 Personen möglich) oder Sie lassen das Rad in Còlico, fahren mit der Bahn nach Chiavenna und leihen sich hier ein Rad. Damit fahren Sie bis Novate Mezzola und dann wieder zurück (Variante benutzen!)

Ehe wir uns auf Tour begeben, besichtigen wir die Stadt. Vom Bahnhof gehen wir zur Stadtkirche *S. Lorenzo*, die rechts zu sehen ist. Der Gebäudekomplex ist eine Augenweide! Die Anfänge der Kirche gehen bis ins 6. Jh. zurück, während der jetzige, streng romanische Bau aus dem 10. Jh. stammt. Vor die Kirche wurde im Barock ein rechteckiger Säulengang gesetzt, in dessen Mitte der Campanile steht. Im Innern sind das Baptisterium und der Kirchenschatz sehenswert. Das

In Chiavenna steht der barocke Säulengang in frappantem Gegensatz zur Stadtkirche San Lorenzo aus dem 6. und 10. Jh.

Taufbecken aus dem Jahr 1156 besteht aus einem einzigen graugrünen Olivinblock. Leider ist die Kirche wegen der in ihr enthaltenen Schätze nur zur Messe sonntags 10.30 Uhr zugänglich. U.U. kann über die *Tourist COOP Valchiavenna* bei rechtzeitiger Anmeldung eine Führung organisiert werden.

Chiavenna ist eine alte Stadt. Enge, verwinkelte Gassen, die sich plötzlich zu Plätzen weiten, sind typisch. Besorgen Sie

sich daher am besten gleich nach der Ankunft bei der *Tourist COP Valchiavenna*, die sich an der Südseite des Bahnhofs befindet, einen Stadtplan, schließen Sie die Räder ab und bummeln Sie drauflos!

Drei weitere Schwerpunkte sollten Sie dabei miteinbeziehen: An der *Piazza San Pedro* steht der leicht verfallene *Convento Agostiniane* und ihm gegenüber der *Palazzo Pretorio* aus dem 16. Jh. An der *Piazza Castello* befindet sich der *Palazzo dei Conti Balbiani*, ein eher schmuckloser Bau mit zwei runden Ecktürmen. Malerisch ist die *Piazza Pestalozzi*. Über sie hinaus gelangen Sie zur *Piazza Verdi*, wo die *Chiesa S. Maria* aus dem 14. Jh. steht. Von hier können wir wieder die Räder benutzen und über die *Mera-Brücke* durch die *Via Consoli Chiavennaschi* zur *Piazza Valichi Alpini* fahren, wo sich auch der Fahrradverleih befindet. Wir verlassen den Platz nach links durch die *Via Marconi* und nochmals links durch die *Via Volta*.

Nach so vielen Sehenswürdigkeiten radeln wir los! Vor uns sehen wir den 2566 m hohen Piz di Setaggiolo. Es folgt eine rasante, 2 km lange Abfahrt; dann muß man etwas treten, um neue Höhenmeter für eine weitere Abfahrt zu gewinnen. Die wenig attraktiven Dörfer **Mamete**, **San Vittore**, **Colvredo** und **Gordona** bleiben rechts der Straße; wer sich für sie interessiert, kann sie in ein paar hundert Metern mit kurzem Anstieg rasch erreichen. An der Gabelung hinter der Mera-Brücke wählen wir die rechte (bessere) Straße. Vor der zweiten Mera-Brücke fahren wir links am Fuße des Dammes. Jetzt sind wir die Autos los und können nebeneinander fahren. Rechts und links begleiten uns Berge, die bis 2700 m aufsteigen. Das ist Genußradeln in den Alpen! Dafür nehmen wir nach 2 km Asphalt auch einmal

Schotter für den dritten Kilometer in Kauf. Am Ende sollten wir aufpassen: Wenn der Wirtschaftsweg wieder die Straße erreicht, müssen wir den Abzweig nach rechts gleich hinter der Brücke benutzen (kein Ww.). Es folgen nochmals 4 km Genußradeln bis **Novate Mezzola**. Danach sind wir leider wieder auf 14 km Autostraße angewiesen, die wir nur am Ende des *Lago di Mezzola* für 2 km nach rechts auf einer Nebenstraße verlassen können. Vorher kommt ein zweiter Tunnel, der für Radfahrer verboten ist. 200 m vor dem Tunneleingang muß man rechts auf die alte Straße ausweichen (Rad-Ww.). Kurz vor der *Ponte del Passo* durchfahren wir ein Naturreservat. Über **Sòrico** kommen wir schließlich nach **Gera**, wo es vier Hotels gibt. Gleich am Ortseingang steht ein alter Glockenturm.

 Radverleih
Chiavenna: Prati Italo (Honda), Piazza Valichi Alpini, ✆ (03 43) 3 24 67.

 Übernachtungen unterwegs
Chiavenna: Flora, Via Don Luigi Guanella, ✆ (03 43) 3 53 30; Elvezia, Via G. Garibaldi 3, ✆ 3 21 65 und drei weitere Hotels. *Verceia*: Hotel Barcaccio.

 Einkehrmöglichkeiten
Chiavenna: Antica Trattoria Fagelti. *Verceia*: Rist. Barcaccio.

 Öffnungszeiten
Chiavenna: Botanischer Garten, Di – So 14 – 17 Uhr.

 Auskunft
I-23022 Chiavenna: Tourist Coop am Bahnhof, ✆ (03 43) 3 34 42, Mo – Fr 9 – 12, 14 – 18 Uhr.

 Kombinationen
Mit der Tourenkette 28 bis 30 fährt man von Chiavenna bis Como.

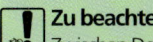 **Landkarten**
LKS 1:50 000, Blatt-Nr. 277.

29 Das Westufer des Lario

Gera – Domaso – Gravedona – Dongo – Musso – Pianello – Cremia – (Santa Maria) Rezzonico – Acquaseria – Menaggio

 Ausgangsort und Anfahrt
Gera. Anfahrt mit der Bahn bis Còlico und dann 10 km mit dem Rad nach Gera.

 Zielpunkt und Rückfahrt
Menaggio. Rückkehr mit dem Schiff nach Còlico. Weiterfahrt mit dem Bus nach Lugano oder Como von der Piazza Garibaldi.

 Gesamttourenlänge
25 km, 21 ½ km Asphalt, 3 ½ km Schotter.

 Zeitbedarf
2 Std. Fahren, 2 Std. Besichtigen.

 Etappen
Gera – Dongo: 11 km; Dongo – Menaggio: 14 km.

 Steigungen und Gefälle
45 Höhenmeter auf und ab.

 Geländestruktur
Uferlandschaft am Westufer des nördlichen Seeteils. Anfangs besiedelte Schwemmlandebenen, später Berghänge, bei denen Dörfer und Tunnelstrecken abwechseln.

 Sehenswertes
Gera: Glockenturm. *Gravedona*: S. Gusmeo e Matteo (11. Jh.); S. Maria delle Grazie; S. Maria del Tiglio; S. Vincenzo (12./18. Jh.). *Menaggio*: Ortskern; Uferpromenade. *Menaggio-Loveno* (100 m über dem Ort): Villa Vigoni (1820) mit Park.

Zu beachten
Zwischen Dongo und Pianello ist die dichtbefahrene Straße sehr kurvenreich; oft gibt es Staus. Für den Tunnel muß die Radbeleuchtung intakt sein.

Die Fahrt am Westufer des nördlichen Lario bildet das Gegenstück zur Tour 26: Dort waren wir auf der Ostseite von *Varenna* 22 km nach Norden bis *Còlico* gefahren – hier radeln wir von *Gera* 26 km

Die Villa Ferrari an der zweiten Tunnelumfahrung nach Acquaseria demonstriert den Geschmack der Jahrhundertwende.

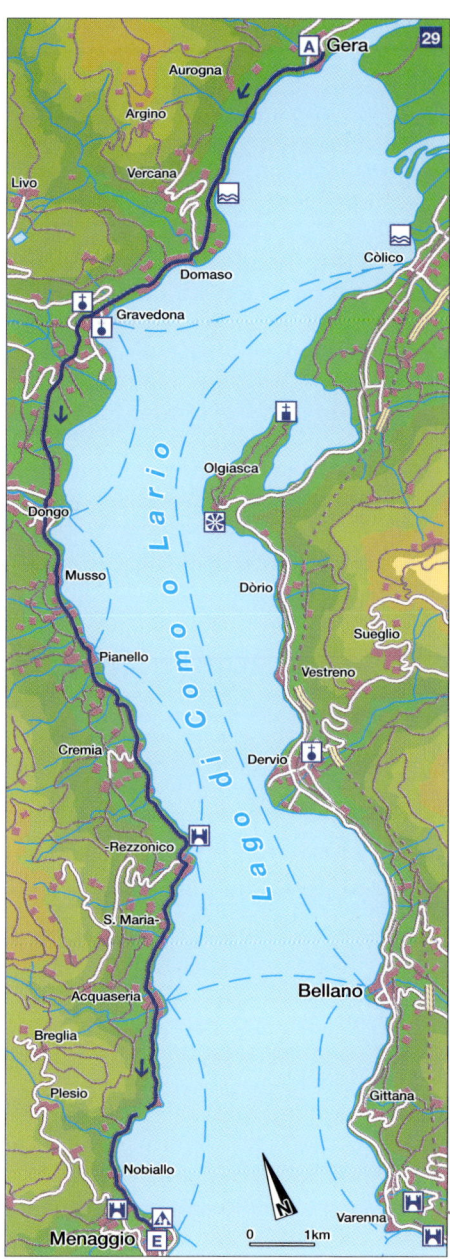

auf der Westseite nach Süden bis *Menaggio*. Auch hier dominiert die Landschaft über die Kultur. Dieses Verhältnis wird dann bei der Schlußtour 30 deutlich umgekehrt.

Wir beginnen unsere Radfahrt in **Gera**. Am Ortsanfang steht ein interessanter Glockenturm. Zunächst radeln wir am Seeufer entlang und durch die kleine Ebene bei **Domaso** in einer halben Stunde nach **Gravedona**. Der Ort bildet den kulturellen Schwerpunkt unserer Tour: Allein vier romanische Kirchen sind hier zu sehen. Rechts der Straße steht zunächst *S. Gusmeo e Matteo*, der interessanteste Bau. Hinter einem weiten Platz erhebt sich die eigenwillige Architektur des quaderförmigen, gestaffelten Gotteshauses in strenger Romanik. Etwas nördlich davon befindet sich *Maria delle Grazie*, die bereits barocke Zubauten besitzt. Links der Straße liegen zwei weitere Kirchen: Die

einschiffige *S. Maria del Tiglio* aus dem 12. Jh. ist an der Außenseite schwarz-

Am Lido von Menaggio steht dieser Palazzo, der sich an der Villa Melzi orientierte.

weiß gestreift. Der achteckige, romanische Turmaufbau wurde mit einer barocken Haube abgeschlossen. Einen noch deutlicheren Mix aus Romanik und Barock zeichnet die danebenstehende *Chiesa S. Vincenzo* aus. Gravedona besitzt eine Anlegestelle der Navigazione Lago di Como. Von hier können Sie die kurven- und verkehrsreiche Etappe **Gravedona – Pianello Lario** mit dem Schiff überbrücken, welches auch Fahrräder befördert, denn das Fahren auf der Straße und durch den Tunnel kann man nicht mehr als »Genußradeln« bezeichnen. Ruhig wird es erst, wenn Sie nach **Cremia** die Tunneleinfahrt sehen. Da können Sie links auf die alte Straße ausweichen (Ww. »9 – strada interrotta«). Zwar besagt letzteres, daß wir auf Schotter und Asphaltresten fahren, aber dafür haben wir Stille und herrliche Landschaft statt Autos und Tunnel. Am Ende steht in **Rezzonico** auch noch eine alte, zinnengekrönte Burg. Nach 2 km

kommen wir wieder auf die Straße. Auch die auf **Acquaseria** folgenden fünf Tunnel können wir bis auf den dritten links umfahren (Ww. am ersten Tunnel »Sassaldo«). An der zweiten Umfahrung steht die *Villa Ferrari*, ein etwas überladener Bau aus der Zeit der Jahrhundertwende, der heute von einem Dutzend Parteien bewohnt wird. Danach gelangen wir über **Nobiallo** in 2 km Fahrt nach **Menaggio**, unserem Tagesziel.

Radverleih und Radtransport
Gera: Hotel Pace, ☎ (03 44) 8 41 41. *Menaggio*: JH (s.u.). Per Schiff ab Gravedona (s. u.).

Übernachtungen unterwegs
Gravedona: 8 Hotels mit über 180 Betten, fast alle preiswert. *Menaggio*: 14 Hotels, z.B. Hotel Bellavista, Via IV. Novembre 21, ☎ (03 44) 3 21 36 (direkt am See); Hotel Garni Corona, Largo Cavour 3, ☎ 3 20 06; Albergo Lario, Via IV. Novembre, ☎ 3 23 68. JH: La Primula, Via IV. Novembre 86, ☎ 3 23 56 (15.03. –15.11.).

Einkehrmöglichkeiten
In *Gravedona*, *Dongo*, *Musso*, *Cremia*, *Rezzonico* und *Acquaseria* viele Ristoranti und Pizzerien. In *Menaggio* zahlreiche Ristoranti, besonders am Lido und in der Via IV. Novembre.

Abfahrtszeiten
der Schiffe ab Gravedona: Juli – Sept. 09.53, 15.22 Uhr, April – Juni nur bis Dongo: 10.40, 13.55 Uhr.

Auskunft
I-22015 Gravedona: Agenza Lario, Via Parravicini 6, ☎ (03 44) 8 55 95. I-22017 Menaggio: Ufficio di Informazione e Accoglienza Turistica, Piazza Garibaldi 8, ☎ (03 44) 3 29 24, Mo – Sa 9 –12, 15 –18 Uhr.

Kombinationen
Tour 29 bildet die vorletzte Route in der Seeumrundung 22 –26, 29 –30. Mit dem Bus (kein Radtransport) kann man von Menaggio nach Lugano fahren und von dort die Touren 19 bis 21 anschließen.

Landkarten
LKS 1:50 000, Blatt-Nrn. 277, 287.

30

30 Zurück nach Como: Glanzlichter an Parks und Schlössern

Menaggio – Tremezzo – Lenno – Sala Comacina – Colonno – Argegno – Brienno – Laglio – Carate-Urio – Moltrasio – Cernobbio (– Como)

 Ausgangsort und Anfahrt
Menaggio. Hierher mit dem Schiff von Gravedona, Bellagio oder Como oder mit dem Bus (kein Radtransport!) von Lugano.

 Zielpunkt und Rückfahrt
Como, Hbf. Rückfahrt mit dem Schiff oder von Como oder Chiasso mit der Bahn (SBB) nach Lugano – Bellinzona – Airolo.

 Gesamttourenlänge
37 km. Alles Asphalt.

 Zeitbedarf
4 Std. Fahren, 4 Std. Besichtigen.

 Etappen
Menaggio – Argegno: 15 km; Argegno – Como: 22 km (bis Cernobbio 16 km).

 Steigungen und Gefälle
25 Höhenmeter auf und ab.

 Geländestruktur
Im ersten Drittel Uferfahrt am Fuß sanft abfallender Hänge; in den anderen beiden Dritteln Fahrt am Steilufer, zweimal von Zuflüssen unterbrochen.

Sehenswertes
Maiòlica: Villa Margherita (Aufenthalt Verdis). *Cadenabbia*: Villa »La Collina« (Sommersitz Konrad Adenauers) u.a. Villen. *Tremezzo*: Villa Carlotta (1747) mit Werken von Canova, Acquisti, Hayez, Thorvaldsen u.a., großem Treppenaufgang, Azaleen- und Rhododendron-Park; Park am Fuß der Chiesa Parocchiale. *Bolvedro*: Villa Sola (18. Jh., privat). *Lenno*: Baptisterium (12. Jh.); S. Stefano (11. Jh.); Villa Balbianello (16. Jh.) mit Park. *Ossuccio*: Romanische Kirche (10. Jh.).

Varianten
Um von Menaggio nach Lugano zu gelangen (Bahn-Anschluß), gibt es zwei teilweise aufwendige Möglichkeiten:
1. Auffahrt (200 Höhenmeter) nach Croce und Weiterfahrt nach Porlezza; von hier mit dem Schiff nach Lugano.
2. Fahrt am Seeufer bis Argegno. Mit der Seilbahn nach Pigra (881 m); Rad wird mitgenommen. Von hier über Blessagno – S. Fedele – Pellio – Lanzo – Arogno nach Maroggia, dann mit der Bahn nach Lugano. Der Paßscheitel liegt 892 m hoch; das bedeutet + 260 Höhenmeter Anstieg (+ 2 Std. Fahrzeit).

Was den kulturellen Charme des Comer Sees betrifft, so bietet die Schlußtour ein großes Finale: Von *Maiòlica* bis *Campo* liegen sieben Paläste und Parks auf 6 km Fahrtstrecke. Zählt man noch die *Villa d'Este* und die *Villa dell'Olmo* hinzu, die an sich bereits auf Tour 22 besucht wurden, kommt man auf neun Villen mit ihren Parkanlagen. Eine jede scheint die benachbarte an Eleganz, Prunk und Einfallsreichtum in der Gartenarchitektur noch übertrumpfen zu wollen. Und doch hat eine jede ihre eigene Geschichte. Von Norden kommend treffen wir nach 3 km in **Maiòlica** zunächst auf die *Villa Margherita-Ricordi*. Hier komponierte

Giuseppe Verdi Teile seiner Oper »La Traviata«. Es folgt das benachbarte **Cadenabbia**, wo der erste deutsche Bundeskanzler, Konrad Adenauer, 20 Jahre lang seine Sommerurlaube in der *Villa »La Collina«* verbrachte. Nach seinem Tod erwarb die Konrad-Adenauer-Stiftung Villa und Park; sie hält hier von Zeit zu Zeit internationale Tagungen ab.
600 m weiter treffen wir auf einen fulminanten Höhepunkt dieses Ensembles: die *Villa Carlotta*. Freitreppe am See, großes schmiedeeisernes Gitter, Brunnen, durch Balustraden und Grotte dreigeteilter, gestaffelter Treppenaufgang – so empfängt die Villa ihre Besucher. Das große

»C« im Eingangsgitter bezieht sich nicht auf »Carlotta«, sondern ist die Initiale des Erbauers Clerici, der die Villa 1747 bezog. Inzwischen an Marianne von Preußen übergegangen, schenkte diese das Haus 1856 ihrer Tochter Charlotte von Nassau und deren Gemahl, dem Herzog von Sachsen-Meiningen, zur Hochzeit, wodurch sich für das Brautpaar ein weiterer Bausparvertrag erübrigte. Im Innern setzt sich die Vielfalt als Kunst fort: Skulpturen von Canova (so die berühmte »Amor und Psyche«), ein Fries des Dänen Thorvaldsen (»Einzug Alexanders des Großen in Babylon«), »Mars und Venus« von Acquisti, dann Gemälde von Hayez und Migliara, Deckenfresken im pompejanischen Stil usw. Und das alles ist eingebettet in einen Terrassengarten im italienischen und einen Landschaftspark im englischen Stil: Im April und Mai, wenn die Rhododendren und Azaleen blühen, ist der Park am schönsten. Wahrhaft ein Nonplusultra an Gartenarchitektur! Villa und Park sind als Museum von März bis Oktober geöffnet. Ein paar hundert Meter weiter steigt in **Tremezzo** nach der Schiffsanlegestelle ein öffentlicher Park mit Treppen, Balustraden und Koniferen vom Wasser zur *Chiesa Parrocchiale* auf. Nach einem weiteren Kilometer folgt in **Bolvedro** die *Villa Sola*, die zwar in Privatbesitz und daher unzugänglich ist, aber durch das schmiedeeiserne Tor von der Straße her mit ihren Blumenrabatten im französischen Stil betrachtet werden kann. Diese herrliche lombardische Residenz von ausgewogenen Proportionen entstand im 18. Jh. und gilt als eines der besten Zeugnisse der Patrizierarchitektur jener Zeit. Der elegante Bau wird vom *Monte di Tremezzo*, genau 1700 m hoch, überragt.

Wir fahren nun, anfangs links der Autostraße auf einer ufernahen Nebenstraße

Von der Villa Carlotta schaut man über das Ensemble von Treppen, Balustraden, Brunnen und Tor auf den Comer See.

bleibend, nach **Lenno**. Der malerische Ort besitzt eine schöne Uferpromenade, die *Lungolago*, und einen Marktplatz, auf dem ein oktogonales Baptisterium aus dem 12. Jh. steht. Etwas oberhalb sind weitere Sakralbauten zu sehen: die *Chiesa di S. Stefano* (11. Jh.), die Abteikirche

Acquafredda und westlich davon ein Stationenweg mit Kapelle. Wir folgen der Uferpromenade und zweigen vor dem Ortsteil **Villa** rechts ab zur Autostraße, die an der Halbinsel *Punta Balbianello* vorbeiführt. Links der Straße steht eine weitere Villa, die man mit ihrer Zypressenallee

Frühromanischer Kirchenbau in Ossuccio.

durch das verzierte Tor betrachten kann. Wir kommen nach **Campo**. Von hier aus (oder auch von *Sala Comacina*) kann man per Boot die *Villa del Balbianello* aufsuchen; diesen kurzen Ausflug sollten Sie sich unbedingt gönnen! Diese Villa wurde Ende des 16. Jh. erbaut und ging frühzeitig in den Besitz des Kardinals Gallio, Staatssekretär Papst Gregors XIII., über. »Ihm ebenbürtig unter dem Gesichtspunkt biblischer Armut war Kardinal Durini, Prälat mit großen Einkünften und päpstlicher Nuntius«, so schreibt ein Italiener über den zweiten klerikalen Besitzer. Die Chronik berichtet, daß »er sich mit einem Bündel voller Geld in der Tasche überladen hatte, so daß er sich beim Bücken einen Bruch zuzog«. Wenn man mit dem Boot in den kleinen Hafen einfährt, die aus dem Wasser emporführende Treppe betritt, das Tor durchschreitet, die schmalen Stufen zwischen einem steinernen, verzierten Geländer und üppigen Blumenstauden, beäugt von einem steinernen Hirsch, zu einem ersten Aussichtsbalkon emporsteigt, so ist das eine paradiesische Ouvertüre, bei deren Erlebnis man die Verheißung, »schönster Park am See« zu sein, gerne glaubt, ohne ihn schon besucht zu haben. An vier Tagen der Woche können Sie sich vormittags und nachmittags davon überzeugen. So schnell entläßt uns dieser Kulminationsstreifen am Lario nicht! Kaum, daß wir Campo verlassen haben und über eine Brücke gefahren sind, warten links ein romanischer Campanile aus dem 11. Jh. und eine »windschiefe« Kapelle mit durchbrochenem Turm aus frühromanischer Zeit auf uns – Kleinodien, die in traditionellen Reiseführern leicht übersehen werden. Danach können wir uns wieder der Landschaft widmen: Auf der Uferstraße radeln wir über **Sala Comacina – Colonno – Argegno** und **Brienno** zu der

Siedlungskette, die bis Como zeigt, wo und wie man wohnen kann, wenn man das nötige Kleingeld dazu hat.

Vor **Cernobbio** treffen wir das zweite Mal auf die *Villa d'Este* (Tour 22); im Ort selbst können wir uns dann entscheiden, ob wir entweder rechts über **Masliànico** nach **Chiasso** oder geradeaus weiter nach **Como** fahren. Beide Varianten kennen wir bereits von den Touren 21 und 22. Sie ein zweites Mal zu durchfahren, steigert den Genuß und macht uns dieses große Finale erst so recht bewußt.

Radverleih
Siehe Tour 22.

Übernachtungen unterwegs
Cadenabbia: Hotel Riviera, ✆ (03 44) 4 04 22; Albergo La Marianna, ✆ 4 04 51. *Tremezzo*: Tremezzino, ✆ 4 04 96; Hotel Villa Marie (direkt am See), ✆ 4 04 27; Albergo Azalea, ✆ 4 04 24. *Lenno*: Hotel Plinio, ✆ 5 51 58; Lavedo, ✆ 5 51 72. *Como*: siehe Tour 22.

Einkehrmöglichkeiten
Auf der Strecke Maiòlica – Argegno ungezählte Ristoranti, Trattorie, Pizzerie usw. Alle oben aufgeführten Hotels und Alberghi besitzen auch Ristoranti. *Como*: siehe Tour 22.

Öffnungszeiten
Cadenabbia: Villa la Collina, Adenauer-Stiftung, nur nach Voranmeldung. *Tremezzo*: Villa Carlotta, April – Sept. tägl. 9 – 18 Uhr, März und Okt. tägl. 9 – 11.30, 14 – 16.30 Uhr. *Lenno*: Villa del Balbianello, April – Okt., Di/Do/Sa/So 10 – 12.30, 16 – 18.30 Uhr (nur mit dem Boot von Campo oder Sala Comacina aus erreichbar).

Auskunft
Menaggio: siehe Tour 29. I-22019 Tremezzo: I.A.T., Piazza Garibaldi 8, ✆ (03 44) 4 04 93, geöffn. Juni – Sept. Como: siehe Tour 22.

Kombinationen
Tour 30 bildet den Abschluß der Lario-Umrundung 22 – 30.

Landkarten
LKS 1:50 000, Blatt-Nrn. 287, 297.

Informationen für Radwanderer

Alles Wichtige rund ums Rad

Radtypen

Für Radtouren gab es bis vor 20 Jahren schlicht und einfach das »Fahrrad«. Heute unterscheidet der Fachhandel zwischen Leichtlaufrädern, Touren- und Trekkingrädern, Mountainbikes und Periscopen. Innerhalb dieser Typen gibt es nochmals mindestens je ein Dutzend Varianten. Auf der Eurobike '95 konnte man lesen, daß das Trekkingbike eine Kreuzung aus Rennrad und Mountainbike sei. Die Eurobike brauchen Sie nicht zu besuchen, wenn Sie sich ein neues Rad anschaffen wollen; es sei denn, daß Sie »gecrashtes Deutsch« erlernen wollen. Das beginnt schon mit dem Wort »bike« – es klingt einfach schick gegenüber dem herkömmlichen »Rad«. Und der »Grasshopper« präsentiert sich als »der ganz andere Boy Design Cruiser«. All diesen modernen Fertigungsunsinn können Sie für das »Genußradeln« vergessen. Für diesen Fahrstil genügt ein Leichtlaufrad oder ein Tourenrad – ersteres, wenn Sie sich auf die Asphalttouren an den Seeufern beschränken, letzteres, wenn Sie auch die Talfahrten der Tessiner Alpen in Ihr Programm aufnehmen wollen. Schutzbleche sind sinnvoll, wenn Sie nach einem Regenschauer Ihre Symmetrieachse nicht mit einer Dreckspur designern wollen. Sehr wichtig ist ein vernünftiger Sattel, den es kaum noch gibt: anatomisch angepaßt (das können Sie sich individuell nur auf einem guten Ledersattel »erarbeiten«), nicht zu hart, vor allem gut gefedert. Wenn von diesen drei Kriterien etwas nicht stimmt, spüren Sie es an Ihrem Hintern. Eine Kardinalfrage ist die Gangschaltung. Drei Gänge sind das mindeste, was man braucht; fünf Gänge sind schon besser, und sieben Gänge sind optimal. Alles, was darüber hinausgeht, ist für unser Programm Luxus. Die hochwertigen Gangschaltungen sind darauf getrimmt, dem

Radfahrer auch bei größeren Steigungen das Auf- und Absteigen zu ersparen. Genau das aber ist aus medizinischen Gründen gar nicht ratsam. Gerade bei älteren Menschen erweist es sich nämlich für die Beinmuskulatur als sehr erholsam, wenn nach längerem Treten wieder einmal die Laufposition eingenommen wird. Rahmen und vor allem der Lenker oder Lenkervorbau sollten Ihrer individuellen Körpergröße und Sitzhaltung beim Fahren angepaßt sein. Wenn Sie ein neues Rad kaufen, so achten Sie darauf, daß es mit einem Lenkerfeststeller zur Arretierung des bepackten Vorderrads beim Abstellen ausgestattet ist.

Pflege

Moderne Räder sind pflegeleicht. Trotzdem gilt: Ein gut gepflegtes Rad lebt länger. Starke Verschmutzungen entfernt man mit viel klarem Wasser und einem weichen Schwamm. Abspritzen mit hohem Wasserdruck ist zu vermeiden, damit kein Wasser in die Lager kommt. Im übrigen sind die von der Autopflege bekannten Lackreinigungs- und -konservierungsmittel auch für Fahrradlacke zu verwenden. Das gleiche gilt für Chrompolituren. Die Kette sollte regelmäßig mit einem Lappen abgewischt und mit Kettenöl eingesprüht werden. Die Lager moderner Markenräder sind mit einer Dauerschmierung versehen, die einige Zeit vorhält. Wird das Rad sehr viel benutzt, sollte man die Lager einmal jährlich vom Fachhandel prüfen und schmieren lassen. Einer regelmäßigen Wartung bedürfen in jedem Fall die Bremsen. Sowohl die klassischen Felgen- als auch die modernen Cantilever-Bremsen sollten einmal jährlich geprüft, gereinigt und ggf. mit neuen Bremsklötzchen versehen werden. Leichtgängige Bowdenzüge verbessern die Bremswirkung.

Zubehör

Zum Zubehör gehören in erster Linie sinnvolle Packtaschen: zwei separate Hinterradtaschen mit wasserdichter Beschichtung, dazu eine gepolsterte Lenkertasche mit Kartenfach. Eine Trinkflasche, die am Rahmen befestigt wird, ist zum Durstlöschen ohne größeren Zeitverlust sehr ratsam. Ein »Rad-Speedy«, der nicht nur die gefahrenen Kilometer zählt und die Geschwindigkeit mißt, ist vielleicht ein gewisser Luxus, aber dennoch ganz praktisch. Im übrigen sollte Ihr Zubehör den Vorschriften der Verkehrssicherheit entsprechen: Bremsen, Licht, Rückleuchten und so weiter.

Reparaturen

Vor ein paar Jahrzehnten war es noch üblich, nahezu alle Reparaturen möglichst selbst vorzunehmen, vor allem bei Reifenpannen – weil es kaum eine Alternative gab. Einen gewissen Fahrradservice gibt es heute im Tessin vor allem im Bereich um Locarno, Bellinzona und Lugano. Hier wird in der Regel auch die deutsche Sprache verstanden. Problematischer wird es am italienischen Teil des Lago Maggiore, am Lago di Varese und am Lago di Como, auch im Hinblick auf die Verständigung. Aber Radgeschäfte mit Reparaturservice finden Sie auch hier in allen größeren Orten.

Radverleih, Radtransport, Radwege und Verkehr

Radverleih

Am unproblematischsten ist der Radverleih bei jenen Touren, die die Bahnhöfe der SBB berühren (Touren 3 bis 7, 10, 15 bis 21). Hier können in allen größeren Bahnhöfen Räder ausgeliehen werden, die man an jedem beliebigen Bahnhof der Schweiz wieder retournieren kann. Gegenüber der Bahn sind die privaten Verleiher zwar etwas teurer, ihre Leihräder dafür von besserem Standard. Auch halten gute Geschäfte eine größere Menge an Rädern bereit. Grundsätzlich ist zu beachten, daß bei Gruppen eine telefonische Voranmeldung sehr ratsam ist, wobei es keine Rolle spielt, ob Sie das Rad bei der Bahn oder privat ausleihen. Problematischer ist der Radverleih auf italienischem Gebiet. Ob Bahn oder privat, ein Verleihservice steht hier erst am Anfang der Entwicklung. Eine zentrale Verleihstelle »Rent a bike« können Sie unter der Rufnummer (03 37) 40 33 44 erreichen. Hier spricht man auch deutsch, so daß Sie Ihre Wünsche detailliert anbringen können.

Bei jeder Tour sind die vorhandenen Radverleiher im Nachspann (Kasten) aufgeführt; die Angaben entsprechen dem Stand vom Frühjahr 1996.

Radtransport

Gerade in den Gebirgsregionen ist der Radtransport in die oft hoch gelegenen Talschlüsse die Hauptschwierigkeit der angebotenen Touren. Wo die Bahn hinfährt, kann man das Rad meist problemlos bei den Regionalzügen durch Selbstverladung aufgeben; oft sind die dafür vorgesehenen Waggons durch ein Fahrradsymbol gekennzeichnet (Touren 4, 5, 7). Wo keine Transportmöglichkeit durch die Bahn oder an den Seen durch Kursschiffe besteht, muß man das Rad entweder mit dem eigenen PKW an den Ausgangsort bringen und nach beendeter Tour mit dem Bus zum Auto zurückkehren, um es nachzuziehen, oder aber ein Unternehmen (Velo-Geschäft, Auto-Reperaturwerkstatt o.ä.) mit dem Transport beauftragen. Adressen solcher Unternehmen werden bei den einzelnen Touren angegeben. Im ersteren Fall sollten Sie rechtzeitig vor Reiseantritt eine entsprechende Transporthalterung an Ihrem Wagen montieren lassen.

An den drei Seen ist die Transportfrage dadurch entschärft, daß in der Regel die Kursschiffe Räder gegen Gebühr mitnehmen. Engpässe wie beispielsweise in der Saison am Bodensee gibt es hier noch nicht. Erkundigen Sie sich trotzdem bei den Büros oder Anlegestellen der Navigazione rechtzeitig über die Transportmöglichkeiten. So nehmen z.B. die Tragflächenboote des Schnellverkehrs keine Räder mit. Für Gruppen empfiehlt sich stets eine Voranmeldung. Eine

Kombination Rad – Schiff macht jedenfalls das Erlebnis an und auf den großen Seen besonders reizvoll!

Radwege

Im Tessin und besonders an den italienischen Teilen der Seen ist das Radwegenetz keineswegs so gut ausgebaut, wie wir es von vielen Regionen Deutschlands, Österreichs oder anderen Landesteilen der Schweiz her gewohnt sind. Oft sind die Straßen auch zu schmal, um hier noch Radstreifen von ihnen abtrennen zu können. Das gilt insbesondere für einige Gebirgstäler (Touren 1, 2, 8, 9, 18) als auch für die Uferstraßen am Fuß von Steilhängen (Touren 10, 11, 15, 19 bis 26, 29, 30). Aus diesem Grund wurden, wo immer es möglich war, Ortsdurchfahrten, Nebenstraßen, befestigte Wirtschaftswege und auch einmal ein Fußweg für die Routenwahl genutzt. Wo das nicht möglich war, müssen »Sie sich mit den Autos gut vertragen«.

Verkehr

Auf den Straßen am Comer See »pulst« der Verkehr: Da keine Überholmöglichkeiten bestehen, folgt eine Autokette dem langsamsten Wagen an der Spitze; danach tritt wieder für einige Minuten eine Pause ein. Lästig wirken an Sonntagen die Pulks von Motorradfahrern, die mit ihren »heißen Öfen« lautstark die Straßen entlangdonnern. Tourenradfahrer oder Genußradler sieht man nur selten; wir leisten hier ein Stück Pionierarbeit. Häufig dagegen sind ganze Rudel von Sportfahrern unterwegs. Sie haben für uns den Vorteil, daß die Automobilisten sich an Radfahrer gewöhnt und sie als Verkehrsteilnehmer akzeptiert haben.
Eine weitere Möglichkeit, das Problem schmaler Straßen zu entschärfen, besteht darin, daß Sie die Sonn-, Feier- und Ferientage für diejenigen Touren benutzen, die fast durchweg auf Nebenstraßen verlaufen (Touren 6, 7, 12 bis 14, 16, 18, 21, 27, 28). Auf diese Weise entgehen Sie dem Ausflugsverkehr, der in Italien, schon wegen der Nähe Mailands, beträchtlich ist. Die meisten Talfahrten und Seeumrundungen sollten Sie dagegen nach Möglichkeit an Werktagen durchführen. Die »touristischen Knoten« (s.S. 124) können Ihnen bei dieser Zuordnung helfen.

Gut vorbereiten!

Training daheim

Ein Radfahrer aus Überzeugung nutzt auch daheim jede Gelegenheit zum Radfahren: zum Einkauf, zu Behördengängen, zum Arbeitsplatz (wenn die Entfernung nicht zu groß ist und das Wetter mitspielt). Er ist darin dem Auto überlegen: an Parkmöglichkeiten, an Umweltbewußtsein, an Energieverbrauch, an Flexibilität. Wer so zu Hause sein Rad auf diese Weise benutzt, braucht für die Touren dieses Buches nicht extra zu trainieren. Ihre Anforderungen übersteigen in keinem Falle das Leistungsvermögen.
Anders bei denen, die nur im Urlaub das Rad benutzen. Ihnen wird empfohlen, etwa vier Wochen vor Beginn des Radurlaubs an Wochenenden oder freien Tagen schon einmal einige Touren daheim durchzuführen – im Flachland als Tagestouren, in bergigem Land als Halbtagestouren. Treppensteigen, »Fahren« auf einem Hometrainer, ansonsten Kniebeugen bei der Morgentoilette sind weitere bewährte Trainingsmöglichkeiten, die Kraft und Ausdauer verbessern.

Ausrüstung und Kleidung

Was Sie an Ausrüstung für die Touren benötigen, wurde zum Teil schon beim Zubehör aufgeführt. Dieses betrifft das Rad – die Ausrüstung erstreckt sich auch auf den Fahrer. Da ist zuerst die Kleidung zu erwähnen: Anoraks und Hosen sollten die Wetterskala vom trockenen, heißen Hochsommertag bis zum kühlen, feuchten und windigen Herbsttag berücksichtigen. Grundsätzlich gilt: Ausziehen kann man immer etwas, wenn man schwitzt – nichts dabei zu haben, wenn man friert, ist schlecht. Gegen Gewittergüsse und Regenschauer gibt es leichten, wasserdichten Schutz, der sich bis über die Lenkstange erstreckt. Lassen Sie sich von Ihrem Fahrradhändler beraten! Welches Design Sie wählen, bleibt Ihrem persönlichen Geschmack überlassen.

Zur Ausrüstung gehören aber auch Sonnenbrille, Sonnenschutzcreme, Badezeug, Trinkflasche usw.

Wer im zeitigen Frühjahr oder Spätherbst auf Tour geht, sollte Handschuhe und Pudelmütze nicht vergessen; am Morgen kann es nämlich noch Frostgrade geben und damit recht kalt sein. Schutzhelme sind für Kinder dringend zu empfehlen; für Erwachsene ist es ratsam, besonders bei problematischem Gelände, ebenfalls einen Helm zu tragen. Und was Sie bei mehrtägigen Tourenketten für die Unterkunft benötigen, das wissen Sie schließlich selbst am besten.

Verpflegung

Die Kette der Gaststätten, Kioske usw. ist an den Seen so dicht, daß es purer Luxus wäre, auf die dortigen Radtouren auch noch Verpflegung mitnehmen zu wollen. Anders bei den Touren im Hinterland und in den Gebirgstälern. Da kann es schon einmal passieren, daß Sie zwei Stunden lang keinen Gasthof antreffen – und wenn, dann hat er gerade Ruhetag. Für diese Touren (z.B. 1 bis 4, 8, 9, 13, 14, 18, 27, 28) ist die Mitnahme einer Tagesration an Broten, Obst, vor allem aber Getränken dringend anzuraten. Und eine »eiserne Ration« für den »Fall der Fälle« sollte immer in der Packtasche parat sein.

Reiseapotheke

Neben dem individuellen Bedarf sollten in einer Reiseapotheke stets enthalten sein: ausreichend Pflaster, Wund- und Heilsalbe, Mittel gegen Sonnenbrand, Insektenschutz, Kohletabletten, Desinfektionsmittel, ein Gel gegen stumpfe Verletzungen, Prellungen, Zerrungen usw., vorbeugende und behandelnde Mittel gegen Erkältungen und Hustenreiz.

Vorbestellungen

Wenn Sie die am Ende jeder Tour gegebenen Anregungen für Tourenkombinationen aufgreifen, werden Sie besonders bei Tourenketten jeden Abend in einem anderen Quartier übernachten. Gerade in solchen Fällen ist eine rechtzeitige Vorbestellung unbedingt ratsam, ausgenommen im zeitigen Frühjahr und im Spätherbst. Die bei jeder Tour aufgeführten besonderen Übernachtungsmöglichkeiten beinhalten oft nur die beiden Enden der Qualitätsskala von der JH bis zum Nobelhotel. Am sichersten ist es, wenn Sie sich über die Verkehrsämter (Ente Turistico, A.P.T., Tourist Coop usw.) eine Unterkunft nach Ihren Preisvorstellungen vermitteln lassen.

Auch wenn Sie an einem Ort längere Zeit bleiben und von hier aus die Touren Ihrer Wahl angehen wollen, ist eine Buchung über das Verkehrsamt besonders in den Ferienzeiten (Pfingsten, Sommerferien) dringend zu empfehlen.

Wetterprognose und beste Jahreszeit

Sehr wichtig für Planung und Durchführung von Radtouren ist es, daß »Petrus mitspielt«. Zwar sieht man immer wieder Einzelfahrer und auch Gruppen, die ohne Rücksicht auf das Wetter einfach drauflosstrampeln – aber ob das dann noch »Genußradeln« ist? Sonnenschein ist also Ihr bester Tourenbegleiter.

Die sicherste Wettervorhersage erhalten Sie von der Schweizerischen meteorologischen Anstalt. Wählen Sie aus dem Tessin ✆ (0 71) 1 62 und aus Italien ✆ (00 41 71) 1 62 ! Dann erhalten Sie in deutscher Sprache eine sehr detaillierte, regionalisierte Fünf-Tage-Prognose. Für unser Tourengebiet gilt die Region »Alpensüdseite und Engadin«.

Nordwinde bedeuten eine Reihe beständiger Schönwettertage mit zwar kühler, aber klarer Luft, die eine exzellente Fernsicht ermöglicht. Dagegen bringen Südwinde zwar Wärme, aber oft auch tagelange Regenfälle.

Beste Jahreszeit sind für die Seen die Monate März und April, für die Täler April und Mai, für beide September und Oktober. Für Familien, die auf Schulferien angewiesen sind, ist dies am ehesten für die Herbstferien realisierbar. Alle anderen Radfahrer sollten aber diesen Rat beherzigen und den Sommer wegen des Ausflugs- und Reiseverkehrs meiden.

Essen, Trinken und Schlafen unterwegs

In fast allen Orten der Uferregionen der drei großen Seen besteht ein dichtes Netz an Gasthäusern (Trattoriae, Ristoranti). In einer Bar können Sie in der Regel nur Getränke erhalten. Anders ist die Situation in den Tälern oder auch den ausgedehnten Ebenen (Piani). Da dort (noch) kein größerer Fremdenverkehr herrscht, haben die wenigen Ristoranti u.U. nur abends geöffnet. Die Dörfer im Hinterland der Seen sind in der Regel auch nicht auf Übernachtungen eingerichtet. In den berühmten Kurorten am See und in den Städten hingegen gibt es eine große Auswahl an Unterkünften (Alberghi) vom Fünf-Sterne-Luxushotel bis zum schlichten Gasthof. Jugendherbergen gibt es insgesamt vier im Tourengebiet: in Lugano (Touren 18/19), Figino (Touren 19/20), Como (Touren 22/30) und Chiavenna (Tour 28).

Touristische Knoten

Viele Touren sind als »Kettentouren« angelegt, deren Reihenfolge man aber nicht unbedingt einhalten muß. Oft ist es billiger und zeitsparender, zum Ausgangspunkt zurückzukehren als am neuen Zielort auf Quartiersuche zu gehen. Zu diesem Zweck wurden »touristische Knoten« gefunden, von denen aus man zahlreiche Touren anfahren oder empfohlene Kombinationen realisieren kann, an denen es mehrere Unterkünfte, Gaststätten, Geschäfte, Bahnhöfe, Museen etc. gibt, so daß man hier an sogenannten Ausfalltagen Einkäufe erledigen und Besichtigungen vornehmen kann.

Solche touristische Knoten sind:

Airolo	für die Touren	3 bis 5,
Biasca	für die Touren	5 bis 7,
Locarno	für die Touren	1, 2, 8 bis 10, 16,
Laveno	für die Touren	12 bis 15,
Lugano	für die Touren	17 bis 20,
Como	für die Touren	21 bis 23, 30,
Còlico	für die Touren	26 bis 29.

Telefon

Der gesamte Kanton Tessin besitzt seit 1996 die einheitliche Vorwahl (0 91). Sie muß nur bei Anrufen von außerhalb des Tessins mitgewählt werden; innerhalb des Tessins werden nur die siebenstelligen Anschlüsse gewählt. Für Anrufe aus dem Ausland lautet die Vorwahl (00 41 91). In Italien sind vierstellige Vorwahlnummern und sechsstellige Anschlüsse die Regel. Bei Anrufen aus dem Ausland lautet die Auslandsvorwahl (0039).

Sprache und Verständigung, einige Wörter und Wendungen

Im Tessin ist die Amtssprache Italienisch. Gleichwohl wird man sich bei allen offiziellen Stellen (Verkehrsämter, Bahnschalter, Behörden, Banken) und in den besseren Hotels und Gaststätten im allgemeinen problemlos auch auf deutsch verständigen können. Etwas schwieriger dürfte dies in den Tälern, besonders in den höher gelegenen Talschlüssen werden. Wo Tourismus herrscht (z.B. Seilbahn-Talstation San Carlo, Tour 1; Airolo, Touren 3 bis 5), da wird man auch Deutsch verstehen. Allgemein gilt: Je mehr Fremdenverkehr, je größer der Ort, je tiefer das Tal, desto besser wird man mit seinem »Tedesco« durchkommen.

In den italienischen Teilen des Tourengebiets ist am ehesten in Como damit zu rechnen, daß man Deutsch versteht. Überall, wo man zur Verständigung auf die italienische Sprache angewiesen ist, erreicht man oft schon mit einem minimalen Wortschatz das, was man haben will. Die Italiener sind dann freundlich bemüht, den radebrechenden Gast (und Geldbringer!) zu verstehen. Um allen, die das erste Mal im Tessin oder am Comer See sind, bei der Verständigung zu helfen, sind die wichtigsten Vokabeln und Redewendungen nachstehend aufgeführt. Sie werden selbst merken, daß man sie schon nach wenigen Tagen gut beherrscht.

Ein Wörterbuch ersetzt diese Begriffe freilich nicht.

Abfahrt	*partenza*
Ankunft	*arrivo*
Arzt	*mèdico*
auf Wiedersehen!	*arrivederci!*
Bahnhof	*stazione*
Bahnsteig	*piattaforma della stazione*
Berg	*monte*
bitte!	*prego! per favore!*
danke!	*grazie! mille grazie!*
das macht nichts	*non fa niente*
Ebene	*piano*
Entschuldigung!	*scusi!*
es tut mir leid	*mi rincresse*
Fahrplan	*orario*
Fahrrad	*bicicletta*
Frühstück	*colazione*
Gasthof	*albergo*
geradeaus	*diretto*
gestatten Sie?	*permette?*
guten Abend!	*buona sera!*
guten Morgen!	*buon giorno!*
gute Nacht!	*buona notte!*
guten Tag!	*buon giorno!*
heiß	*caldo*
helfen Sie mir bitte!	*mi aiuti, per favore!*
ich habe eine Radpanne	*ho un guàsto al bicicletta*
ich verstehe nicht	*non capisco*
ist es möglich?	*è possibile?*

ja	*si*
kalt	*freddo*
Kirche	*chiesa*
links	*a sinistra*
morgen	*domani*
Nebel	*nebbio*
nein	*no*
Polizei	*polizia*
rechts	*a destra*
Reise	*viaggio*
Regen	*pioggia*
Schnee	*neve*
schönes Wetter	*bel tempo*
See	*lago*
sprechen Sie Deutsch?	*parla tedesco?*
Straße	*strada*
Tal	*Valle*
Ufer	*riva*
unmöglich	*impossibile*
Wetter	*tempo*
windig	*vento*
Zeit	*tempo*
Zimmer	*càmera*
Zug	*treno*

Wichtige Adressen

In Deutschland
Haus der Schweiz
Unter den Linden 24 /
Friedrichstraße 155/156
D-10117 Berlin
℡ (0 30) 2 01 20 50, Fax 2 01 20 51
Leopoldstraße 33
D-80802 München
℡ (0 89) 33 30 18, Fax 34 53 46
Italienisches Fremdenverkehrsamt ENIT
Kaiserstraße 65
D-60329 Frankfurt/M.
℡ (0 69) 23 74 10
Berliner Allee 26
D-40212 Düsseldorf
℡ (02 11) 13 22 32
Goethestraße 20
D-80336 München
℡ (0 89) 53 03 60

In Österreich
Schweizer Verkehrsbüro
Kärntner Straße 20
A-1015 Wien
℡ (02 22) 5 12 74 05, Fax 5 13 93 35
ENIT in Österreich
Kärntnerring 4a
A-1010 Wien
℡ (02 22) 5 05-16 39/43 74

In der Schweiz
Schweizerische Verkehrszentrale
Bellariastraße 38
CH-8027 Zürich
℡ (01) 2 88 11 11, Fax 2 88 12 05
ENIT in der Schweiz
Uraniastraße 32
CH-8001 Zürich
℡ (01) 2 11 36-33/34

Im Tessin
Ente Ticinese per il turismo
Villa Turrita
Casella postale 1441
CH-6501 Bellinzona
℡ 8 25 70 56
Touring-Club der Schweiz (TCS)
CH-6600 Locarno: Via della Posta, ℡ 7 51 75 72
CH-6500 Bellinzona: Viale Stazione 18c,
℡ 8 26 11 55
Automobilclub der Schweiz (ACS)
Locarno: Via Trevani, ℡ 7 51 46 71
Bellinzona: Via Pellandini, ℡ 8 25 56 55
Deutsches Konsulat
Via Soave 9
CH-6900 Lugano
℡ 9 22 78 82
Österreichisches Konsulat
Via Pretorio 7
CH-6900 Lugano
℡ 9 23 56 81

Radverleih und Radtransport im Centovalli
»Viaggi FART SA«
Piazza Grande 18
CH-6600 Locarno
℡ 7 51 87 31

Radverleih in Italien
Zentraler Radverleih
»Rent a bike«
Dulce Bar, Via Acqua Dulce
Maccagno (bei I-21016 Luino)
℡ (03 37) 40 33 44

Lago Maggiore
I.A.T., Corso Zanitello 8
I-28048 Verbania-Pallanza
℡ (03 23) 50 32 49

Comer See
Azienda Turistica del Comasco
Piazza Cavour 17
I-22100 Como
℡ (0 31) 26 97 12

Abkürzungen

Zusätzlich zu den gemäß der Duden-Recht-
schreibung üblichen Abkürzungen (wie Bhf.,
km, m, Min., Std., u.U.) wurden die folgenden
verwendet:

A	Österreich
A.P.T.	Azienda Promozione Turismo
CH	Schweiz
D	Deutschland
E	Ost (East)
E. t.	Ente turistico
I.A.T.	Informazione Azienda Turistico
Jh.	Jahrhundert
JH	Jugendherberge
LKS	Landeskarte der Schweiz
N	Nord
NE	Nordost
NW	Nordwest
NSG	Naturschutzgebiet
P	Parkplatz
S	Süd
S.	San, Santa
SBB, FFS	Schweizer Bundesbahn
SE	Südost
SW	Südwest
W	West
Ww.	Wegweiser

Kartensymbole

⊞	Kloster
▩	Klosterruine
⊡	Kirche, Münster
🏛	Turm
⊞	Schloß, Burg
〰	Schwimmbad, Bad
A	Anfang der Tour
E	Ende der Tour
✕	Einkehrmöglichkeit
✈	Flughafen
⛺	Campingplatz
P	Parkplatz/Parkhaus
⌂	Jugendherberge

127

Ortsregister (Halbfette Ziffern verweisen auf ausführliche Erwähnung des jeweiligen Ortes.)